国家中等职业教育改革发展示范校创新系列教材

总　主　编：董家彪
副总主编：杨　结　张国荣

客房服务与管理

（第2版）

主　编　朱小彤
副主编　吴婧姝　贺　丹

北京·旅游教育出版社

编委会

主　　任：董家彪

副主任：曾小力　　张　江

委　　员（按姓氏笔画排序）：

　　　　王　娟（企业专家）　　王　薇　　邓　敏

　　　　杨　结（企业专家）　　李斌海　　吴宁辉

　　　　余德禄（教育专家）　　张　江　　张立瑜

　　　　张国荣　　张璆晔　　陈　烨　　董家彪

　　　　曾小力

总　序

在现代教育中，中等职业学校承担实现"两个转变"的重大社会责任：一是将受家庭、社会呵护的不谙世事的稚气少年转变成灵魂高尚、个性完善的独立的人；二是将原本依赖于父母的孩子转变为有较好的文化基础、较好的专业技能并凭借它服务于社会、能独立承担社会义务的自立的职业者。要完成上述使命，除好的老师、好的设备外，一套适应学生成长的好的系列教材是至关重要的。

什么样的教材才算好的教材呢？我的理解有三点：一是体现中职教育培养目标。中职教育是国民教育序列的一部分。教育伴随着人的一生，一个人获取终身学习能力的大小，往往取决于中学阶段的基础是否坚实。我们要防止一种偏向：以狭隘的岗位技能观念代替对学生的文化培养与人文关怀。素质与技能的关系就好比是水箱里的水与阀门的关系。只有水箱里储满了水，打开阀门水才会源源不断地流出。因此，教材要体现开发学生心智、培养学生学习能力、提升学生综合素质的理念。二是鲜明的职业特色。学生从初中毕业进入中职，对未来从事的职业认识还是懵懂和盲从的。要让学生对职业从认知到认同，从接受到享受到贯通，从生手到熟手到能手，教材作为学习的载体应该充分体现。三是符合职业教育教学规律。理实一体化、做中学、学中做、模块化教学、项目教学、情景教学、顶岗实践等，教材应适应这些现代职教理念和教学方式。

基于此，我们成立了由教育专家、企业专家和教学实践专家组成的编撰委员会。该委员会在指导高星级饭店运营与管理、旅游服务与管理、旅游外语、中餐烹饪与营养膳食等创建全国示范专业中，按照新的行业标准与发展趋势，依据旅游职业教育教学规律，共同制定了新的人才培养方案和课程标准，并在此基础上协同编撰这套系列创新教材。该系列教材力争在教学方式与教学内容方面有重大创新，突出以学生为本，以职业标准为源，教、学、做密切结合的全新教材观。真正体现工学结合、校企深度合作的职教新理念、新方法。

在此次再版时，我们适当地作了修订。在教材编撰过程中，我们参考了大量文献、专著，均在书后加以标注，同时我们得到了旅游教育出版社、南沙大酒店总经理杨结、岭南印象园副总经理王娟以及广东省职教学会教学工作委员会主任余德禄教授等旅游企业专家、行业专家的大力支持。在此一并表示感谢！

2016 年 10 月 30 日于广州

前　言

饭店业是我国最早对外开放的窗口行业，在扩大国内需求、促进国民经济增长、引领现代服务业转型升级等方面发挥着重要的作用。当前，我国饭店业的发展仍保持着良好的势头，星级饭店对旅游产业的贡献能力和价值在不断提升和加强。与此同时，饭店行业规模的发展壮大和从业人员的高流失率造成饭店行业人才的需求持续居高不下。中职旅游类学校为饭店业培养了大量的从业人员。2013年1月，中职学校"酒店服务与管理"专业名称更改为"高星级饭店运营与管理"，对中职学校本专业培养对象和目标进行了阐释，对中职学校教育和培养学生提出了新的要求。本教材就是在这样的背景下应运而生的。

本书是由具有丰富一线教学和长期驻店实训经验的教师编写，全书符合学生的认知能力和酒店实际工作岗位需求，有以下鲜明特点：首先，它体现了理论与实践一体化的教学理念，能显著提高学生的动手能力；其次，本书的课程内容来自于高星级饭店的典型工作任务和岗位职业能力要求，是作者通过充分地对学生、学校、行业、企业进行调研提炼而来，体现了专业课程内容与职业标准对接。另外，全书设置了42个任务，大致覆盖了学生从对客房部一无所知的"一张白纸"到逐渐成长为资深的客房服务员这一过程中需要掌握的知识、技能。完成这些任务的同时培养了学生的综合素质，体现了教学过程与生产过程的对接。

本书于2013年9月正式出版，2017年1月修订再版。再版前，主要就某些段落词句的措辞严谨性方面进行了斟酌调整；在新业态和技术应用的背景下，就客房部引用的新设施、客房部管理使用的新举措，进行了更新和补充。

本书由广东省旅游职业技术学校的朱小彤、吴婧姝、贺丹三位老师编写，朱小彤老师任主编。在编写过程中还得到了广州南沙大酒店、万达希尔顿酒店客房部的管理人员的专业指导和支持，再版前，广东省职业技术学校的任课老师卢宇、雷兰兰根据授课心得及学生反馈提出了修改意见，在此深表感谢。书中参考了大量文献资料和网络资源，在此向原作者表示感谢。本书成书仓促，疏漏之处在所难免，恳请读者朋友批评指正！

编　者
2017年1月

目 录

模块一 客房服务入门 ····· 1
项目一 客房产品识别 ····· 1
  任务1 常见客房类型识别 ····· 1
  任务2 特色客房类型识别 ····· 7
  任务3 客房功能区划分 ····· 10
  任务4 客用设备及用品识别 ····· 14
项目二 客房部认知 ····· 20
  任务1 客房部业务认知 ····· 21
  任务2 客房部架构认知 ····· 24
项目三 洗衣房认知 ····· 27
  任务1 洗衣房设备识别 ····· 27
  任务2 洗涤剂识别 ····· 30
项目四 布件房认知 ····· 32
  任务1 布件房的认识 ····· 33
  任务2 布件领取及存放 ····· 35
  模块巩固 ····· 38

模块二 客房清扫服务 ····· 39
项目一 清扫前的准备 ····· 39
  任务1 清扫前的技术准备 ····· 40
  任务2 清扫前的预备工作 ····· 43
项目二 客房铺床 ····· 45
  任务 客房铺床 ····· 46
项目三 走客房的清洁整理 ····· 49
  任务1 卫生间清洁 ····· 50
  任务2 房间的清扫 ····· 53

项目四　住客房的清扫 57
任务1　住客房的日常清扫 58
任务2　夜床服务 61
模块巩固 64

模块三　客房楼层服务
项目一　客人抵店服务 65
任务1　迎客准备 66
任务2　迎接客人入住 70
项目二　客人住店服务 72
任务1　小酒吧服务 73
任务2　洗衣服务 79
任务3　会客服务 86
任务4　借用物品服务 89
任务5　委托代办服务 92
项目三　客人离店服务 97
任务1　送客服务 98
任务2　客人遗留物品的处理 100
模块巩固 105

模块四　公共区域清洁保养 106
项目一　各种材质表面的清洁保养 106
任务1　常规清洁器具及清洁剂识别 107
任务2　地毯清洗 112
任务3　大理石地面的保养 116
项目二　常见家具的清洁保养 118
任务1　常见家具材质的认知 119
任务2　木质家具的保养 121
模块巩固 124

模块五　客房服务质量提升 125
项目一　不同类型客人的接待 125
任务1　不同类型客人的接待 126
任务2　VIP客人的接待 129
任务3　特殊情况的处理 132
项目二　客房清洁质量控制 137
任务1　客房清洁质量的检查 138

任务2　计划卫生的安排与检查 …………………………………… 146
　　模块巩固 ………………………………………………………………… 150

模块六　客房管理 ………………………………………………………… 151
　项目一　部门业务沟通 ……………………………………………………… 151
　　任务1　客房部与其他部门的业务沟通 ………………………………… 151
　　任务2　客房部与前厅部的业务沟通 …………………………………… 154
　项目二　客房部物资管理 …………………………………………………… 156
　　任务1　客房用品的管理 ………………………………………………… 157
　　任务2　客房设备的管理 ………………………………………………… 160
　项目三　客房部人员管理 …………………………………………………… 162
　　任务1　客房部的编制定员 ……………………………………………… 163
　　任务2　客房人员的管理 ………………………………………………… 167
　模块巩固 ……………………………………………………………………… 171

参考文献 …………………………………………………………………… 172

模块一　客房服务入门

饭店客房是旅客必需的饭店产品,客房部是饭店重要的组成部分,其服务优劣关系到饭店住客满意度的高低,同时由于客房部除直接服务客人外,通常还分管管家、洗涤、制服等分部门,因此客房部对饭店的内部整体运作意义重大。本模块包括客房产品识别、客房部认知、洗衣房认知、布件房认知等项目。

学习目标

- 能理解客房产品的特点。
- 能描述常见客房、特色客房的种类。
- 能描述客用品的种类。
- 能描述洗衣房设备的类型和各种设备的作用。
- 能理解布件房的作用和功能。

项目一　客房产品识别

项目介绍

客房是饭店的主要产品,生产客房产品是客房部最主要的任务,要想顺利完成客房服务工作,同学们有必要认识客房产品的类型,熟悉客房的设施设备和用品配置的标准。

导入案例

刘先生一家三口想外出到某海滨旅游中心度假,他打电话到旅游中心的一家宾馆询问有关客房的情况。刘先生的女儿刚满4岁,正是黏人的时候,他们一家三口想住在一个房间里。但一打听,该宾馆大床房的床的宽度是1.5米,一家三口睡一块太挤了;双床房是两张1.2米宽的床,大人带一个小孩也很挤。正发愁间,前台接待员小姐跟刘先生建议:"刘先生不如入住我们的家庭房吧,里头配置有一张双人床和一张单人床,应该适合您现在的情况。"刘先生一听,还有这种房间啊,真的很适合我们一家三口,于是很愉快地预订了一间这种家庭房……

思考:大家想想,客房类型多样化是不是增加了宾客的选择余地,同时也令饭店的经济效益获得提升呢?

任务1　常见客房类型识别

一、任务描述

参观几种不同类型的饭店客房或学校模拟客房,或观看图片/视频资料,识别客房的类型。

二、任务分析

完成本任务,关键在于学生要对客房的分类标准比较清晰,并能对照标准区分客房。

三、相关知识

(一)客房产品的分类标准

客房的种类可按照不同的分类标准进行划分,其中最主要的有以下两种:

1.按客房本身的硬件条件划分

这一标准是指根据房间内在结构、配套设施以及装饰装潢条件,逐步细化,渐次划分客房种类。首先,根据房间内在结构,即构成单位客房的房间的间数,将客房划分为两个基本种类:一是单间客房,即该单位客房仅有一个房间;二是套间客房,该单位客房由两间或两间以上房间所组成。其次,根据房内配备的不同种类和数量的床,可将单间客房进一步划分为不同类型的房间。最后,根据不同的室内装潢布置等,将配置一样的床的单间与套间客房又划分出各种类型的客房。

2.按客房在楼层中的位置划分

根据在楼层中所处的位置,客房可分为:

(1)内景房。这种客房的窗户或观景阳台朝向饭店的内院,住客在房内观赏的主要是店内景色。如果饭店建筑物两侧客房的景色迥异,也会把观景稍逊的一侧的客房称为内景房。

(2)外景房。这种客房的窗户或观景阳台朝向店外,住客可以在房内观赏饭店外部景色。有时外景房也指景观较美的一侧的客房。根据外部的景色,外景房可进一步细分为海景、江景、山景、园景等房型。

(3)角落房。这种房间位于楼层的建筑物边角处,是距离电梯间或主出入口最远的房间。因其私密性较好,比较受到注重个人隐私的客人的欢迎。在某些建筑外形呈异状的饭店,角落房因为受建筑形状的影响房间形状不够方正,通常被设置为档次、房价较低的房型。

(4)毗邻房。这并非指一个房间,而是相邻的两个或多个房间。在团队的住房安排中,应尽可能地安排毗邻房,以方便其团体活动。

(5)连通房。这类房间与毗邻房有类似之处,也是相邻的两间房,但在两房共有的墙壁上有双重隔门连接起来。中间的两扇隔门上锁,平时作为单间客房分开使用。在有需要时可将两间房同时出售,打开双重隔门,则两单间形成一套间。这类客房适合于家庭、集体游客住宿。

(二)客房的种类

在销售客房时,房间的标价主要是根据其硬件条件来确定的,所以在此主要根据客房本身的硬件条件对客房种类进行了解。

1.单间客房

如该单元只有一个房间,这种客房就是单间客房。根据房内床的种类和数量的不同配备,又可分为以下三种:

(1)单人房(Single Room),指的是只放一张单人床的单人用房间。单人房比较适合不愿与别人分享一间客房的单身客人住用。这种客房的隐私性强,颇受独自旅行者的青睐,有一定的市场需求;但是这种客房的房价较低,房间销售收入与客房面积之比并不占优,所以在饭店中,此类客房比例很小。

(2)大床房(Double Room),指的是房内配备一张双人床的客房。大床房原来主要是为夫妻旅行者设计,随着客人日渐追求客房的舒适感,许多单身客人尤其是商务客人也喜欢此类客房,因此这类客房与单人间的界限越来越模糊。一些高档商务饭店倾向于取消面积较小、摆放一张单人床的单人间,使客人自动升级(Upgrade)使用配置一张大床的商务房,提高饭店经济效益。

(3)双床房(Twin Room),这种房内配备两张单人床供两人使用,配有卫生间的单间客房叫双床间,也称标准间。这种房间供两位客人同住,同样也可以出租给一位客人住用。双床房在安排住客时比较灵活、方便,尤其受团体客人的欢迎,因此这类客房在饭店里通常占绝大多数,成为饭店的"标准"房。如果房内设备讲究、装饰别致、面积较大,便称为高级客房或豪华客房;还可将两张床相连,合并为大床间;而如果这种房间放置的是两张大床,或放置一双一单两张床,则成为在度假型饭店较常见的、适合三(四)口之家入住的家庭间。

在不到20平方米的空间内放置三张单人床,房间可供三个人入住,此类房间二星级以下的饭店设立较多,属经济房,在高星级饭店一般不设三人间。如果入住高星级饭店的客人要求三人合住一个房间,通常在标准间内加一张折叠床,并在标准间的价格基础上增收加床费用。

2. 套间客房

由两个或两个以上房间、卫生间和其他设施组成的客房就是套间客房。目前饭店套房的种类主要有:

(1)标准套房(Standard Suite)。标准套房又称普通套房(Junior Suite),是由中间有门连通的两间单间客房组成,一间为起居室(Living Room),即会客室;另一间为卧室。有的饭店的普通套间并非由墙壁分隔成两间,只是通过家具或绿色植物将房间分隔为两个相对独立的空间。标准套房的卧室内通常配备一张双人床,也有配备两张单人床的,并配有卫生间。还有的饭店在起居室也配一个不设浴缸的洗手间,供来访客人使用。

(2)商务套房(Business Suite)。商务套房是专为商务客人设计布置的套房。这类客房在办公设施、室内家具、用品的配备和布置等方面充分考虑到商务客人的需要。随着商务客人的增多,这类客房占客房总数的比例也在不断增加。

(3)豪华套房(Deluxe Suite)。由两间以上的房间组成的套房叫豪华套房,有双套间、三套间和多套间,这类客房室内装饰华丽高雅,家具用品高档舒适,室内设施设备齐全,除卧室外,还有客厅、会议室、餐厅、厨房等。卧室内通常配备大号双人床或特大号双人床。有的饭店还设有复式套房(Duplex),由楼上楼下组成,楼上为卧室,楼下为客厅,私密程度更高。

(4)总统套房(Presidential Suite)。总统套房通常由7~8间或更多间组成,总统和夫人卧室分开,男女卫生间分用。房间的功能进行了极度的细分,房内可分设客厅、书房、会议室、随从室、警卫室、餐厅、厨房、娱乐室、酒吧等。室内装饰布置极尽奢华,设备用品精致考究。为了满足不同层次客人的需求,不仅五星级饭店设有总统套房,大多数四星级乃至一些三星级饭店也设置了总统套房。它已成了一种档次的象征,标志该饭店已具备了接待国家元首的条件。但总统套房并非总统才能住,根据各饭店的情况决定,一般来说只要付得起房租,谁都可以入住。也有些饭店将本饭店最高档的套房命名为主席套房、总理套房乃至皇帝套房等。

四、任务准备

客房实训室;客房介绍视频;不同类型的客房的图片。

五、任务实施

表1-1　任务实施表

序号	实施步骤	实施内容	要求
1	任务准备	做好学生参观的模拟客房或饭店客房的安排,也可以用相关图片和录像资料代替	客房门类要齐全,设施设备和用品完备,如使用图片要求清晰可辨
2	进入客房(展示图片)	参观模拟客房或饭店客房,或观摩照片(录像)	提醒学生找出不同类型客房之间关键不同之处
3	分组辨别客房类型	将学生分成若干个小组,分别讲述某间客房的类型	要讲清房间类型、判断依据
4	总结提炼	提炼客房的分类标准,分析各类客房的适住对象	

六、任务评价

表1-2　任务评价表

序号	评价内容	评价结果			
		优	良	合格	不合格
1	能描述客房产品的要求				
2	能讲出客房分类的标准				
3	能识别不同类型的客房				

七、拓展知识

(一)客房产品的条件与要求

基本条件:

1.客房空间

客房空间是客房能成为商品的基础条件。根据我国旅游饭店星级的划分与评定(GB/T 14308—2010)标准,四星级饭店要求70%的客房面积(不含卫生间)应不小于20平方米,五星级饭店则要求70%的客房面积(不含卫生间和门廊)应不小于20平方米。由此可见,客房空间某种程度上跟客房档次、舒适感成正比,空间越大,档次和舒适感越高。

2.客房设备

客房设备主要包括家具、电器、洁具以及地毯、窗帘等配套设施,它们是构成客房商品有用性的重要条件。客房设备的选择要考虑到客人使用的方便性,同时因为设备有较长的使用年限,所以还要有前瞻性。

3.客房用品

客房用品主要是指各种家居用品,包括低值易耗品和备用品。客房作为客人离家外出时的居所,理应按照家庭配备标准配置客房用品,所以客房用品也是客房商品有用性的必要条件。随着环保观念逐渐深入人心,在客房内取消易耗品的呼声越来越高,饭店可顺应潮流取消或循环、替代使用易耗品,也有饭店采用"有偿供应"的方式为住客提供客户用品。

宾客要求:

1.客房安全

安全感是愉快感、舒适感和满足感的基石,客人是把自己出外旅游期间的安全放在首位的。客人在住宿期间,希望保障自己的人身和财产安全及其在饭店的隐私权。因此,饭店应有完善的防火、防盗、保密等安全设施,从人力、制度、设施等方面落实保障客人逗留期间的安全需求。

2.客房卫生

客房档次有高低,设备有多寡,但不管怎样,对卫生条件的要求是始终不能变的,一家饭店的客房是否整洁是客人衡量是否入住的首要考虑因素。客房服务人员在清理客房时,必须保证客房及各种设施、用具的卫生。

3.客房舒适

客的舒适程度也是客人选择饭店的考虑因素之一,因为从某种意义来说,客房是被赋予了休闲、享乐的功能的,能为住客带来舒适感,才算物有所值。

(二)客房产品的趋势

1.服务简便化

房间的小冰箱、电水壶等电器不仅耗电、易产生噪声,而且还是房间的热源。除了豪华商务间、行政套间等之外,其他房间取消小冰箱,学习国外饭店的做法,在客房楼面配置制冰机、饮水机、自动售卖机,需者自便。可取消电视,将电视与电脑合二为一。房间用品尽量简化,如用楼层擦鞋机替换亮鞋擦,用打火机替换火柴。部分用品摆放位置尽量能让客人一眼看到,如把洗衣袋等从抽屉里改挂在墙上挂袋里,控制面板按钮化、上墙化,开关面板增加中英文说明等。简化客人退房、服务员查房的手续,缩短办理离店手续时间。

2.设施智能化

随着高科技时代的到来,客人尤其是一些商务客人,对饭店的各种设施都提出了更高的要求,驱使客房的设施向着智能化的方向发展。一些饭店的高科技体现在一些细微之处。客房电子控制面板无论从设计、操控到选位上,都完全配合客人的使用习惯,不需要费时研究,操作简易。宾客只需指尖轻动,就可轻松地控制房间内的空调温度、灯光、电话、闹钟、窗帘开关和影音组合。客房的设施智能化还体现在客房锁钥系统使用智能IC卡锁钥系统,一些饭店还采用了以指纹或视网膜鉴定客人身份的无匙门锁系统,无居住权者接近客房将通过警示系统传至服务中心和安全部门,无密码将不能查阅客人所登记的资料。

3.设备自助化

随着电脑和互联网的普及,有一部分过去由饭店商务中心提供的服务,现在可以通过笔记本电脑来完成。因此,在商务楼层客房里提供高速互联网的联接,对客人来说,已显得越来越重要,商务客房将宽带IP网和IP电视直接连入每一间客房。客人在客房里可以上网浏览各种住处,查阅饭店服务和自己在饭店里的账单。饭店的客房将成为在线客房(On Line Room),具有Internet接口;同时将调整条桌的高度,以便于客人商务办公使用。

在饭店的各消费场所使用联网的电脑终端,不断汇总客人在各个场所的消费金额,并通过电脑系统挂账至客人的账户里。这提高了结账的效率和准确率。如假日饭店的Lanmark系统就具备了这个功能。客房服务员检查好小酒吧后,可以利用客房电话机输入代码,将客人消费小酒吧的有关信息直接通过电话线路传输到客人账户里。这样,前台员工就可以腾出接听电话的时间专心接待客人了。

4.客房绿色化

在倡导可持续发展的今天,创建绿色饭店已经成为一种时尚,而客房的绿色化则是其中重要的组成部分。绿色客房主要表现在以下几个方面:

在客房中注意使用各种节能设施设备及节能新技术。如节能灯以及各种自动化控制的节能设施和技术节约用水。严格控制客房淋浴喷头、盥洗盆龙头以及马桶抽水每分钟的出水量。在饭店建设、客房装修和改造时,注意选用节水型卫生洁具。

鼓励住宿超过一天的客人继续使用原有的毛巾,或不更换床单,以减少清洗所需的水和洗涤利用量。为此,可向旅游者推出"能源节约卡",告诉客人:"本饭店是世界环保计划的支持者。为响应'节约能源,保护环境'之倡导,我们希望尽可能减少床上卧具的洗涤次数,以节约水电消耗和减少排污量。如果您认为您床上卧具无需更换,请于早上将此卡置于枕头上。对此,我们饭店全体员工将十分感激您的举动。"对于预计当天离店的客人所住的客房,要求当班服务员在客人离店后整理。

减少使用含氯氟烃产品、含氯漂白剂和漂白过的布件;尽可能使用有利于环境保护的商品和可再生利用的产品;改变客房卫生用品的供应方式。传统饭店的洗手间每天都要配备一次性物品,客人用剩的都要撤下来,既浪费了资源,又污染了环境。现在的饭店改为可添加的固定容器,减少资源浪费。

5. 设计人性化

客房的设计更注重人的感受,趋向于人文化的发展方向。

为了布局人性化,可把卫生间移到窗边,扩大视野,采用玻璃隔断等,将"黑洞"式的卫生间透亮化,将枯燥单一的洗浴、坐厕多元化。

客房窗户的设计将窗台下落,采用落地窗,既能观赏室外风景,又能多采室外自然光、多吸室外自然风。但落地窗要配可伸缩的遮阳篷或可调节的百叶窗帘,既美观又节能。窗户要能适度打开,便于客人和服务员每天能开窗户进行自然通风,去除房间异味和利用阳光进行消毒,减少机械通风,既省电又可大大降低室内有害气体。不使用取电牌的形式,既方便宾客,有居家的感觉,同时又保证房间电源的随时畅通,不存在不间断电源的概念,还能保证浴室内的排风系统随时畅通;开关布置考虑得尤其周到,真正采用人性化设计理念,方便宾客,遵循就近原则是开关设计的标准,如"请勿打扰""清洁房间"等开关设计在入门处,避免宾客在不需要时误按开关;床头开关比较少,以避免宾客误按,开关位置比床高20厘米左右,方便操作。

6. 房型多样化

随着饭店业的发展,一些有远见的饭店已经开始注重突出自己的特色,而客房的类型是其区别于其他饭店的一个重要方面,由此,使得客房类型呈现多样化发展的趋势,如商务客房、会议客房、休闲度假客房、无烟客房、女士客房、儿童客房、残疾人客房、盲人客房、大床间、连通房等。在客房类型趋向多样化的情况下,饭店也逐渐形成了自己的特色,并尽力使自己所特有的细分市场上的客人满意。经济型饭店的客房面积比较小,一般不超过20平方米,但床的尺寸够大,亦即"房小床大",在有限的空间里为客人带来最大的舒适感。

任务2　特色客房类型识别

一、任务描述

分组设计主题客房。要求制作主题客房模型;描述该客房的特色;描述该主题客房的市场定位及与之配套的服务项目。

二、任务分析

完成任务的关键是既要有出色的客房主题,又要有动手制作模型的能力。在设计主题客房的时候,要考虑其市场前景,要求体现经济性。

三、相关知识

特色房(Special Room)是饭店根据本店情况、本地资源、客人需求而特别设计和布置的客房,它可以是单间,也可以是套房。在实际配置中,有些特色房是临时布置的,如根据入住者身份布置成VIP客房或蜜月客房；有些特色房是常设的，按照某一特定的预设主题装饰客房，成为特色主题客房，如民族主题房、儿童客房、女士客房、老人客房等新型客房。

(一)临时布置的特色房

1.VIP客房

饭店把能为本饭店带来较多经济或社会效益的人视为VIP，即贵宾。为使贵宾感受到与众不同的接待，饭店对贵宾将要入住的客房提前做出特别的布置，通常是根据贵宾的不同级别相应增加物品摆放。

2.蜜月客房

指安排给新婚夫妇入住的客房，也称喜房。如果客人没有特别指明，蜜月客房必须是大床房或大床套房。这类房间通常是在新婚夫妇入住前临时布置的，应该体现婚庆特色。也有些饭店为了吸引婚宴客人，特地按照中国传统习俗布置固定的喜房，如粘贴"囍"字，放置水果篮、气球、子孙桶、花生、枣子等物件，婚床上摆上几条大绸棉被等，受到一些喜爱热闹的客人的欢迎。

3.高(中)考房

家长对自己孩子参加高(中)考的重视催生了饭店的此类特色房——高(中)考房。每当临近高(中)考的时候，靠近考场的饭店适时推出考生专用的客房，这些客房一般来说是时租房，供考生在上下午考试的间歇午休之用。房间隔音良好，杜绝外源性噪声源，为免考生分心、家长放心，有些饭店还专门从房内撤走电视机和网线。

(二)预设主题的特色主题房

1.民族特色房

根据本国、本地的民族、民居风格来布置，以便让游客了解当地民俗，满足其求异的心理。比如傣族民居、白族民居、蒙古族民居等都是很富民族风情的。

2.无障碍客房

所谓无障碍客房，是一种经过专门设计、布置，使残疾人、行动不便的长者等人士能无障碍地使用的客房。设置无障碍客房，既是国家法定的要求，也体现了饭店以人为本的服务理念。在建设部、民政部和残联联合发布的《城市道路和建筑物无障碍设计规范》里，就无障碍客房的位置、数量、过道宽度、卫生间设计要求以及客房电器与家具设计要求等作出了明确的规定，属于必须无条件遵守执行的；而饭店也应该在服务项目、服务程序等方面予以保障，令相关住客真正感到"无障碍"。随着社会进步人们对伤残人士越发地尊重和关爱，甚至体现在客房的名称上：有把它叫"伤健人士房"的，有称之为"爱心客房"的，不一而足。

3.儿童客房

儿童客房的前身是因为有宾客携带儿童入住又因故外出需留下儿童独居，便向饭店申请托管服务，饭店为儿童营造安全、富有乐趣的客房，便于照顾儿童。时至今日，儿童已成为一个不容忽视的消费群体，因此有的饭店发现了个中商机，开发出专供儿童入住的客房甚至专门的儿童饭店。

4.女士客房(楼层)

女士楼层,是饭店为了方便女性客人,专门向女士开放的楼层。随着单身女性宾客的快速增长,此类客房需求也越来越大,为了让女性客人住得更有安全感,更加舒适,女士楼层在以下几点给客人以特别关注:

(1)尊重女性客人的隐私权;
(2)提供与女性特点相符的室内装饰、设计以及适宜女性需求的家具、日用品等;
(3)提供女性必需的化妆品、服装衣物用设备等;
(4)提供安全警卫服务。

特色客房在饭店的客房总数中一般只占较小的比例,数量不多。有些饭店把本饭店的特色客房集中在某一楼层,形成了特色楼层。现在还有些饭店为了迎合市场需求,以某一特定的主题,来体现饭店的建筑风格和装饰艺术以及特定的文化氛围;同时将服务项目融入主题,整个饭店包括客房都围绕特色主题设置。从特色客房到特色楼层再到特色饭店,说明饭店行业越来越注重带给顾客独特的体验,注重满足顾客个性化的要求。

四、任务准备

制作模型需用材料;收集主题客房的主题方向。

五、任务实施

表1-3 任务实施表

序号	实施步骤	实施内容	要求
1	特色客房的主题设置	分组,确定本小组的设置主题	集思广益,收集点子并加以评估以确定本组主题
2	制作模型	用纸、木、塑料、泡沫等材料制作主题客房类型	外形逼真,能突出主题
3	展示主题客房	每组派代表结合模型和课件展示本组主题客房	紧扣主题,讲述清楚主题客房的设计和目标市场

六、任务评价

表1-4 任务评价表

序号	评价内容	评价结果			
		优	良	合格	不合格
1	集思广益,确定主题,要有独特性和创新性				
2	制作主题客房模型,外形逼真,能突出主题				
3	展示主题客房,紧扣主题;主题与目标市场契合对应				

七、拓展知识

表 1-5　形形色色的主题客房

主题设计理念	客房主题
以某种时尚、兴趣爱好为主题	汽车客房、足球客房、邮票客房、电影客房等
以某种特定环境为主题	梦幻客房、海底世界客房、太空客房等,模仿其真实情景,使客人有身临其境的感觉
针对特殊群体的需求	老年人专用客房。如在卫生间要设置防滑把手;门把和开关位置要适宜;要设置多个召唤铃,以便老人不用移动太远,就可询问自己需要的服务项目;卫生间是用防滑玻璃纤维造的,并设有软垫长椅,可以安全洗浴
	为残疾客人设计的无障碍客房。一般具有残疾人专用进出口、残疾人专用厕位等
	为商务客人等设计的高科技客房。如客房内可提供网络浏览、E-mail 收发、FTP 文件下载、Telnet 远程登录、网络游戏等多项服务。更有可旋转的液晶显示屏幕、遥控芳香治疗系统、环绕音响系统等
	钟点客房。钟点客房是一种按小时收费的经营模式,以其灵活性和便利性受到客人的欢迎
以客人的个性化需要为主题	客房内增设了按摩椅、放松泉池、瑜伽术教学录像带等,使客房成为"睡得香客房、健身客房"等
以健康环保为主题	绿色客房。节约能源;环保的设施设备;健康的客房环境;可回收的客房用品等
	无烟客房。目前无烟客房已成为趋势

资料来源:宋俊华,曲秀丽.客房服务与管理.北京:中国铁道出版社,2009.

任务 3　客房功能区划分

一、任务描述

画出标准间客房和大床间客房平面图;标注客房功能区域。

二、任务分析

对客房的平面布局比较熟悉,掌握房间主要功能区划及主要设施设备才能描绘客房平面图。通过完成此任务,能帮助学生加深对客房的认知。

三、相关知识

(一) 客房平面图

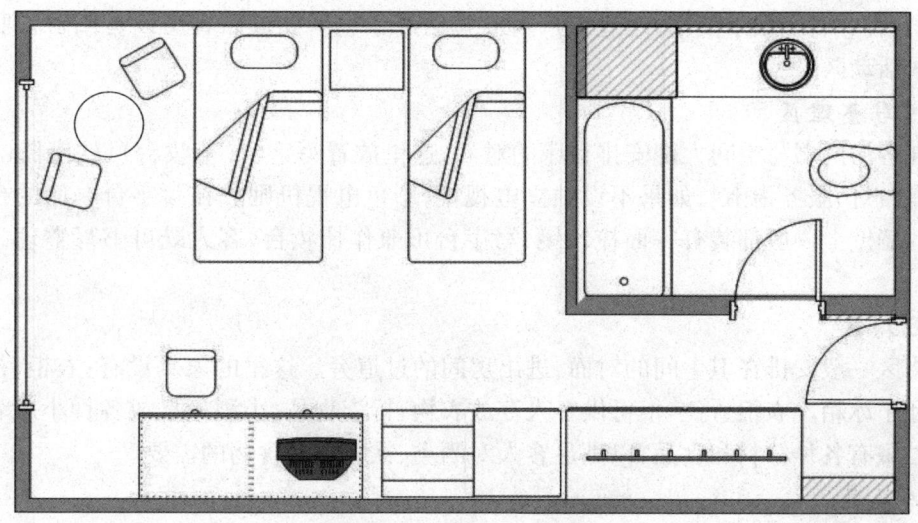

图1-1 双床房平面图

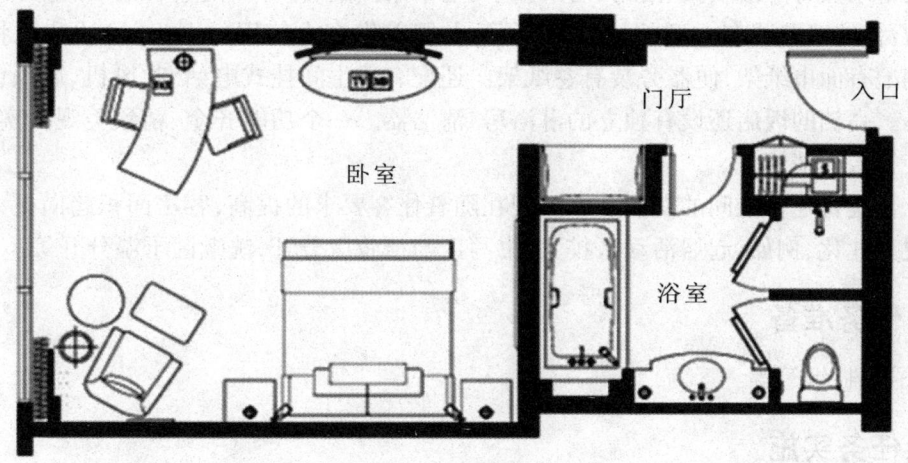

图1-2 大床房平面图

(二) 客房的功能划分

客房是客人住店期间的主要活动场所。"麻雀虽小,五脏俱全",一间标准间面积不过二三十平方米,但足以安排五大功能分区,分别满足客人居留期间各种活动之需。下面以标准间为例说明功能区的划分。

1. 睡眠休息区

在这一空间区域里配备的主要家具是床和床头柜。床应该稳固、美观,令客人睡眠舒适。

床头柜是与床相配套的家具用品,能方便客人放置小件物品,大多数饭店的电话也放置在床头柜上。利用安装在床头柜上的电器开关,客人可开启电视、收听音乐、开关房内的电灯等。

2. 起居活动区

该区是供客人起居活动用的,主要配置的家具是小圆桌(咖啡台)、扶手椅(圈椅),供客人休息、会客、饮食、娱乐使用,透过窗户可欣赏店外景色。如饭店客房设有阳台,则阳台也属于起居活动区。

3. 书写整理区

标准客房的书写空间大都安排在床的对面,这里放置写字台(梳妆台)、软座椅(琴凳),台面上有台灯、服务指南。如果不设独立电视柜,彩色电视机则放在写字台一侧的台面上。在该处的墙壁上一般都装有一面梳妆镜,写字台可兼作梳妆台,客人既可书写整理,也可梳妆打扮。

4. 贮物区

贮物区一般安排在卫生间的对面,进出房间的过道旁。这里的家具设有:衣柜、行李柜、小酒柜和小冰箱。衣柜、行李柜可供客人存放衣物、行李物品,小酒柜摆放各种小瓶名酒,小冰箱里贮藏有各种饮料和食品,以满足客人对酒类、饮料类和食物的需要。

5. 洗漱区

客房的卫生间即为洗漱区。标准间的卫生间主要设备设施是浴缸、面盆、恭桶。与浴缸配套的设备用品有淋浴喷头、浴帘、防滑扶手、毛巾架、晾衣绳等。面盆装在大理石(云石)台面上,云石台的墙壁装有大型的梳妆镜,台面上摆着供客人使用的卫生、清洁和化妆用品。台面下侧配有面巾纸架,便器旁装有卷纸架。还配有卫生间挂式电话、吹风机、通风设施、泄水地漏等。高档的饭店还设有独立的淋浴房、清洁器。一个功能齐全、精致美观又实用的卫生间会使客人心情愉悦。

以上仅是普通标准间的功能分区。现在随着住客要求的提高,客房面积趋向更大,分区会更细更专业化,例如,起居活动区扩大,书写区与梳妆区分开,洗漱区干湿分开等。

四、任务准备

相关资料、纸笔等。

五、任务实施

表1-6 任务实施表

序号	实施步骤	实施内容	要求
1	画出房间整体轮廓	画出房间整体轮廓,房间的开间、进深比例要适合	线条笔直,比例合理
2	画家具、设施	根据房间类型在图上添加	比例合理,形象逼真
3	标注房间各功能区	合理划分、标注	划分明确
4	讲解图画	讲述功能区的构成、用途及配套设施	讲述正确

六、任务评价

表1-7 任务评价表

序号	评价内容	评价结果			
		优	良	合格	不合格
1	画出房间整体轮廓,线条笔直,比例合理				
2	画家具、设施,比例合理,形象逼真				
3	标注房间各功能区,划分明确				
4	讲解图画,讲述正确				

七、拓展知识

为什么大部分的客房设计成"刀把"型?

这是因为,房间的开间在3.7米、面积26平方米左右时,性价比(建筑成本与房间功能之比)最佳。半个世纪以来,全世界的城市商务饭店差不多都是沿用美国假日饭店创始人凯蒙斯·威尔逊设计的客房标准形式(俗称标准间),这种房间一般净宽3.7米左右,可在墙的一边安放两张单人床或者一张双人床,在另一面可摆放写字台,行李架,小酒吧,还有较为宽裕的过道。客人躺在床上观看放在写字台上的电视时,观赏的角度和距离正合适。当时的"标准间"一般是7.2~7.5米柱网,层高为3米,面积为26平方米,入门后门廊通道位置像刀把的形状。这个标准从国外到国内延续了许多年,堪称经典。经典设计,性价比高,难怪那么多饭店选择了这种房型。

但是,时代毕竟在发展,再优秀的房型设计也会让人"审美疲劳"。随着人们对舒适程度的追求逐渐提高,房型的设计也呈现出了较大的变化,主要表现在房间的开间更宽了,功能区细化了,家具专门化了,而洗手间干湿分区、"外向化"的趋势越来越明显。在图1-3中,它仍是一个双床房的平面图,但是比起传统设计,大家不难发现它的不同与优越之处。

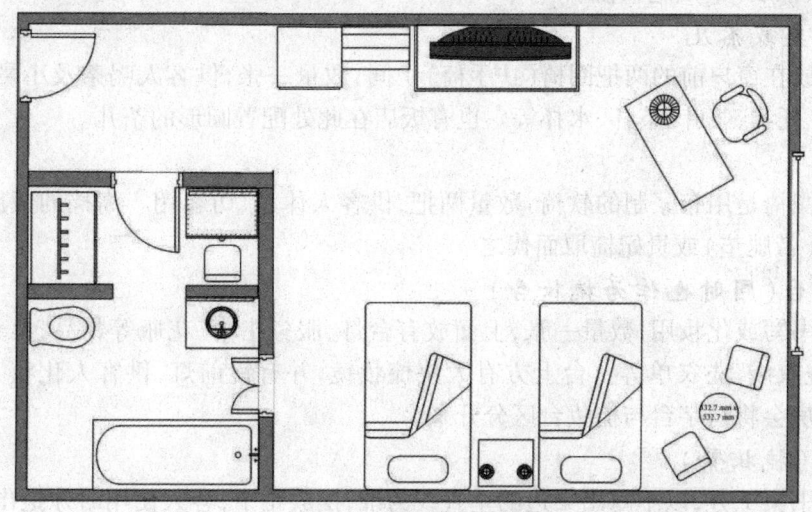

图1-3 双床房平面图

任务4 客用设备及用品识别

一、任务描述
检查标准间客房的客房备品与耗品,指出缺失的种类和数量;能描述正确的数量。

二、任务分析
要完成这个任务,需对客房内备品的种类、数量、摆放的标准位置等非常熟悉。

三、相关知识
客房内设备用品的配置是饭店星级划分的依据。不同星级饭店及不同种类的客房,设备用品的质量和数量有较大的差别。高档次的饭店客房设备用品和配套品种繁多,显示华丽名贵;低档次的饭店设备用品较简单,只求实用、方便和安全。不同档次和种类的房间,虽然设备物品的配备标准规格不同,但提供宾客使用的设备物品必须完好安全。客房设备物品包括家具类、电器类、卫生设备类、安全设备类、客房用品类。以下我们逐一介绍:

(一)家具

1. 床

床是供客人休息的主要设备,一般来说饭店选用床架、床垫、床头挡板三件套的西式床较为常见,但铺床的方法又以中式床为盛,可谓"中西合璧"。

2. 床头柜

标准间床头柜放在两床之间,除了供客人摆放小件物品外,还放置有电话、小便笺、"请勿吸烟"卡。控制面板上装有电视、音响、时钟、灯具等开关旋钮。下面格板空处通常摆放一次性拖鞋、擦鞋纸(布)、电话簿。

3. 咖啡桌或茶几

咖啡桌放在窗户前的两把圈椅(扶手椅)中间,数量一张,供客人喝茶及小量用餐用,上面放置水壶、托盘、茶叶、茶杯、水杯等。也有饭店在此处配置圆形的茶几。

4. 圈椅

大多数圈椅是用布蒙制的软椅,数量两把,供客人休息、访客用。高档的饭店里可能会以单人躺椅(带腿垫)或贵妃椅取而代之。

5. 写字台(同时也作为梳妆台)

供客人书写或化妆用,数量一张,上面放有台灯、服务指南、花瓶等物品,桌子抽屉内放有礼品袋、洗衣袋、洗衣单等。台上方有大块梳妆镜,并有镜前灯,供客人化妆、着装使用。豪华型的客房会将写字台与梳妆台区分开来。

6. 琴凳(梳妆凳)

放置于书桌下方,以不露出桌边的垂直线为准,摆放正中,客人使用时才拖出,数量为一个。在有高身材客人入住时可将其接在床尾,增加床的长度。也有选用靠背椅的,更适宜与写字台(而非梳妆台)配套。

7. 电视柜

摆放电视用(有的饭店直接将电视放在书桌上)。柜子的下部可放棉被,也可放置小冰箱。有的饭店将此柜做成组合柜,可放电视、冰箱、咖啡杯具、冰桶、洋酒等。

8. 行李柜

放置客人行李。下面空格板可放客人皮鞋或开夜床时放床罩用。台面布有防滑条。也有采用活动式行李架的做法,以便更灵活和节省空间。

9. 衣柜

内有挂衣杆、西装架、裙架、普通衣架,供客人挂放衣服用。通常放在门道的侧面。有些饭店将酒柜和衣柜连在一起做。

以上是标准间常用家具。当然,不同的饭店根据自身客房空间及设计需要,也会适当增减一些家具。

(二)电器

1. 门铃

装在客房门外侧面的墙上,供客人来访时呼叫用。现在越来越多的饭店采用可视门铃,客人在房内可看到来访者,以确定开不开门,具有较高的安全性。

2. "请勿打扰"(DND)指示灯

安装在门铃的下方。显示客人是否希望有人来访或清洁打扫,当红灯亮起时,禁忌去敲房门询问服务项目,一般只有到下午 14:00 以后才可以通知大堂打电话询问或上楼检查"DND"房。

3. 取电器

在进房门后走廊的左边或右边,像一个小盒子,进房后用取电牌插入开口处,房内电器电源接通。

4. 电视机

根据饭店的档次来配备尺寸和品牌。通常标准间电视机的尺寸是 32 英寸。

5. 冰箱

标准间冰箱放在酒柜内,一般选用容量为 50L 的小冰箱,套房的冰箱在 150L 以上,内放饮料、小食品等,饮料一般为 8 种共 16 听。

6. 电话

三部。一部放置于床头柜上,一部放置于写字台,一部挂在卫生间恭桶与浴缸之间的墙壁上方,以方便客人在卫生间接听电话。

7. 灯具

客房内灯具较多,数量也因客房的大小而定,为了满足客人整体照明与局部照明的需要,就标准间来说,一般有以下品种:顶灯一盏,安装在房间天花板中间位置;台灯一盏,放在书桌上,可调节明暗;落地灯一盏,置于咖啡桌后方或窗户旁的墙角处,可调节明暗;镜前灯两盏,一盏在客房梳妆镜(书桌)上方,一盏在卫生间洗漱镜上方;床头灯两盏,床头的两侧上方,可调节明暗;房间通道灯一盏,筒灯;夜灯一盏,在床头柜下方;地灯一盏,在进门走廊的左下方或右下方;射灯两盏,在酒柜上方;卫生间筒灯(防雾灯)一盏,日光灯一盏。新的房型设计中会在床边加两盏阅读射灯,体现了人性化的设计。

8.空调

在房间过道上方,隐藏在墙内,只留出风口和吸风口,一般都是中央空调,部分饭店安装独立空调。可调节风力、温度、冷热开关。

9.换气扇

安装在卫生间顶部,抽出湿气,输入新鲜空气。

10.吹风机

装在卫生间的浴镜旁,挂箱式,取下时自动供风使用,挂上后自动断电。

11.饮水机或电热开水器

供客人自行使用。

(三)卫生设备

1.浴缸

配备一个,长为180厘米多,安装在卫生间,供客人盆浴用。

2.面盆

安装在云石台面上,规格为标准尺寸,配备量一个,供客人洗脸和漱口用。

3.恭桶

每间房配备一个,规格为标准尺寸,安装在卫生间。

4.云石台

安装在卫生间浴镜下方,用以托置面盆。上面放有宾客一次性卫生用品,如洗发水、沐浴露、口杯等。

5.浴帘

与浴帘杆一起安装在浴盆外上侧,白天拉开,开夜床时将浴帘拉至浴盆一半,并将下摆放入浴盆中,供客人淋浴时阻挡水外溅用。

6.浴巾架

挂放浴巾用,每房一个,为不锈钢制品,安装在浴缸尾部墙壁上。

7.面巾架(环)

挂面巾用,不锈钢制品,可根据装修风格选定圆形、三角形或直线形等。传统直线形的每房设一个,选用有造型的面巾架,则根据房间面巾配备量来确定其数量。

8.厕纸架

每房配备一个,装卫生纸用。

9.皂缸

陶瓷制品,配备一个,镶嵌在浴盆侧墙上,放香皂用。

10.面巾纸盒

不锈钢件,镶嵌在云石台正侧或两旁任意一侧的墙壁上,摆放面巾纸。也有木制、藤制等面巾纸盒,直接放在云石台面上。数量为一个,规格与标准纸巾盒相同。

11.浴缸扶手

安装在浴缸侧墙上,供客人扶拉用,以防滑倒。

12.晾衣绳

安装在浴帘杆旁的墙壁上,将绳索拉出时,可供客人晾晒小件衣物。

13.洗手液盒

安装在云石台侧墙上,通过按钮压出洗手液供客人洗手。不配放洗手液的饭店配放香皂,此处放一个瓷皂碟代替洗手液盒。

14.体重秤

放在卫生间云石台下,供客人称量体重用。健康秤应可称量 120kg 的体重。

15.挂衣钩

双耳式,两组。装在卫生间内、门面上,供客人挂衣用。

(四)安全设备

1.防盗扣(链)

装在房门后,门锁旁,一副。客人入房后将防盗扣挂上,开门时起防护作用。

2.走火图

安装在房门后与眼平行的位置,提示客人安全通道和现在房间所处位置。

3.猫眼(窥视镜)

安装在房门上,可让客人在门内通过猫眼观看门外情况。

4.烟感器

每房一个,安装在房间正中房顶,当房间空气中烟雾达到一定的浓度时,自动报警,以便将火势控制在萌发状态,保障客人和客房的安全。

5.自动喷淋

每房一个,安装在房间顶部,当温度达 62~65℃时,自动喷水灭火,喷水量约为 1 吨左右。

6.保险箱

安装在衣柜内,与柜体紧密相连,客人根据使用说明书,自设密码后,便可将贵重物品放入其中(特别贵重的物品,要提示客人交前台贵重物品寄存处保管)。保险柜的大小应该起码能装下一台手提电脑。

7.防毒面具

每房两副,放于行李架下方。

8.消防应急手电筒

壁挂式,可放置在床头柜、写字台等家具旁边。

(五)客用品类(以标准间为例)

客用品又分备品和易耗品,主要指布件、易耗品及其他备用品。

1. 客房布件

客房布件主要有：

(1) 床垫保护褥。每房配置两张，与床的平面尺寸一样，铺在席梦思上。上方再铺床单，起防滑和保护席梦思的作用。

(2) 床单。每床一套。

(3) 枕套。每张床配置两个。

(4) 被套。装棉被用，每床配置一个。

(5) 枕芯。枕芯为三维卷曲棉或羽绒，每床配备两个。

(6) 棉被。选用踏花被或羽绒被。每床一床棉被，尺寸根据床的大小来选择，一般宽在150厘米以上。

(7) 浴巾。供客人沐浴后用，每房配备两条。

(8) 面巾。供客人洗脸或沐浴用，配备量和浴巾相同。

(9) 地巾。平时放在浴缸边中央位置，开夜床时放在浴缸前方地上，供客人沐浴后踏脚用，有的饭店还在开夜床时放一条在床侧的地面上。每房配置一条。

(10) 方巾。供客人擦手、化妆使用，三星级饭店配备量与浴巾配备量相同，高星级饭店每客配两块。

(11) 窗帘。要求透气性好，美观、大方，颜色以调和色为主，与家具、地毯颜色相协调，花口、颜色最好与床罩一致。质地优良，以棉、麻、丝为主。褶皱比例为1∶2。新型饭店配置有电动窗帘甚至无线遥控窗帘。

(12) 浴袍。供客人浴后或浴前使用。纯棉或丝绸制品，要求柔软舒适、保暖。

2. 其他备用品

(1) 挂画。根据房间大小来安排，可挂一至二幅。

(2) 冰桶。配置一个，盛放冰块用，配有冰夹，放在酒水柜里。

(3) 垃圾桶。一般选用塑料桶，也有外壁是木制，内壁是不锈钢或藤编的。数量为两个，卫生间一个、房间内书桌下侧一个。

(4) 服务指南。一本，介绍饭店各类服务项目。放于文件夹中。

(5) 文件夹。仿皮或真皮制品，每房一本，放宣传单和服务指南等，摆在书桌上。也有的饭店用文件盒，放于抽屉内。

(6) 饮水器。一台，放在书桌上（台式）或圈椅旁（立式），可供纯净水或矿泉水。如果饭店没配饮水器，则应配电热开水器。

(7) 茶杯。两个，白瓷净色为主，放在咖啡台上的托盘中。

(8) 茶叶盅。盛放茶叶，配置两个，一个放在茶杯前，另一个放在酒水柜的咖啡杯具前，放糖和咖啡伴侣。

(9) 口杯。两个，玻璃制品，放在卫生间云石台面上或托盘里，供客人漱口用。

(10) 果汁杯。两个，玻璃制品，放在茶杯旁，供客人喝饮料用。

(11) 托盘。两个，塑料制品或漆器、不锈钢、木制品。一个在房间，放茶杯等物；另一个在卫生间，放洗漱用品。

(12)衣架。平衣架四个,挂普通衣物;西装架四个;裤架(裙架)二至四个,放于衣柜内。

(13)衣刷。一把,放在衣柜中,供客人刷衣灰用。

(14)鞋拔。一把,放在衣柜中。

(15)小酒吧。放置四至五种洋酒各两瓶、小瓶红葡萄酒两瓶、饮料八种各两瓶、小食品五种。

3.易耗品

(1)卫生间易耗品一般有:洗发水、沐浴露、润肤露、护发素各两瓶;香皂两块;牙具两套,内有牙刷、牙膏;浴帽两盒;梳子两把;棉签一包;剃须刀一把(可视客人情况变动,两女客可不放,两男客就需加一把);指甲锉两把;卷纸两卷,一卷安装在厕纸架上,一卷放在备纸架或备纸盒内;面巾纸一盒,放在面巾纸盒内;卫生袋一盒放在马桶水箱上,为不透明塑料制品或防水纸制品,供女宾装污物扔入垃圾桶,如男宾入住,则可临时撤去。

(2)房间易耗品一般有:拖鞋两双,饭店可根据客房档次选择无纺纸质布拖或棉拖,放在床头柜下方;擦鞋纸(布)两张,也有的饭店配亮鞋擦,放在拖鞋旁,供客人擦鞋时用;火柴三盒,放在烟灰缸边上;针线包一个,放在书桌抽屉内,配有线、纽扣和针;茶叶六包:红茶、绿茶、花茶各两包,放在茶盅里;咖啡、伴侣、糖各两包;洗衣袋两个,放在衣柜或书桌抽屉中;礼品袋两个,放在书桌抽屉中;铅笔、圆珠笔各一支;便笺夹二个;洗衣单两份;电视节目单一份;宾客意见书两份;"请清洁"牌一张;大信纸六张;小便笺一本;信封两个;赔偿价目表(纪念品价目表)一张;明信片两张;"请勿吸烟"和"祝您晚安"牌各一张;"环保节能卡"一张及各类宣传印刷品等。

饭店客房作为一个整体产品,其装饰、陈设、家具、电器、用品应体现配套性、实用性、经济性,同时兼顾美观性。客房产品相对于餐饮产品而言,创新可能性和迫切性都较低,因为客房一旦落成,就要使用较长一段时间。也正因如此,客房的设计布置应该体现一定的前瞻性,墨守成规只会为宾客所抛弃。

四、任务准备

一间标准间客房;不完整配置备品和耗品。

五、任务实施

表1-8 任务实施表

序号	实施步骤	实施内容	要求
1	检查洗手间	查看洗手间备品和耗品配备情况	数量、摆放位置
2	检查卧室	查看卧室备品和耗品配备情况	数量、摆放位置
3	复述检查情况	指出缺失的用品	对检查的情况要记在心里

六、任务评价

表1-9 任务评价表

序号	评价内容	评价结果			
		优	良	合格	不合格
1	画出房间整体轮廓,线条笔直,比例合理				
2	画家具、设施,比例合理,形象逼真				
3	标注房间各功能区,划分明确				

七、拓展知识

"六小件"废存之争

卫生间里放置的洗发水、沐浴露、香皂、牙具、浴帽、梳子这六类易耗品就是我们俗称"六小件"物品了。由饭店协会首倡,许多饭店纷纷停止在卫生间摆放六小件。但这一做法受到许多住客和一些饭店专家的质疑,一时间"取消派"和"保留派"打起了"口水仗"。取消派认为六小件的使用率很低,大部分被浪费了,所以应该取消;保留派则认为不可能每个人出外都会携带所有的日常用品,取消六小件引起了很大的不便。虽然存在争议,但用品种类及其摆放作为细节的组成部分,已引起很多饭店的注重。通过对用品的精心设计与摆放去体现细微而周到的服务,已成为饭店标榜自己"以人为本"、"细节关怀"的重要手段。

(资料来源:朱小彤.客房服务与管理.广州:广东旅游出版社,2009.)

项目二 客房部认知

项目介绍

前一项目就客房产品进行了认知,客房产品是客房部的主要工作对象。在本项目的学习过程中,同学们将认识客房部是如何构成、如何分工合作,并为宾客提供优质的服务的。

导入案例

旅校学生小梁的梦想是有朝一日可以当上"行政管家"。她的梦想源自于一年级的时候去一家大型外资五星级饭店参观的旅游实践活动。她在这家饭店的后台区域看到了一个公告栏,标题是"Who is who in ×××× Hotel",在公告栏较高的地方有一名女士的照片,下面写了女士的名字和"Executive Housekeeper"。接下来的交流活动中小梁见到了那位女士本人,并且知道了这个职位:行政管家!"Executive Housekeeper"! 她知道了这是饭店高层管理职位,知道它管辖的一大摊子工作,也深深地被那位管家的风采所折服。她想着有一天能靠自己的努力走上这个职位。

思考:同学们,你心目中的位置又在哪里呢?

任务1 客房部业务认知

一、任务描述

能描述客房部主要业务内容,分析客房部的服务特点并用以指导客房服务。

二、任务分析

学生在熟练掌握客房业务的基础上,能清楚叙述客房部的业务内容;能分析客房部服务的特质对指导客房服务的作用和落脚点。

三、相关知识

客房部是负责客房商品的生产与周转,组织接待服务的部门。在不同饭店的实际设置中,这一部门有客房部、管家部、房务部等不同称谓。三个概念有相同之处,但有时也存在差别。一般而言,内地的饭店使用"客房部"的说法较常见,香港饭店习惯称之为"管家部"。也有一些饭店将客房与前厅合并在一起成立"房口部",其中客房部分称为房务部,前厅部分称为客务部。

(一)客房部的业务范围

1.生产客房商品

客房是饭店的主要商品之一,饭店通过出租这一商品的使用权(通常以间·晚为基本单位)来获得收入,而要出租这种使用权,前提是客房必须保持在干净、整洁的可供出租的状态。客房部的首要功能就是对客房的生产资料进行加工,生产出合格的客房商品。客房商品生产和一般商品生产不同,它不是根据图纸和工艺流程来加工没有思想感情的生产资料,而是根据宾客活动规律及宾客的需要和心理特点来组织员工劳动、提供优质服务,即用特殊的方式完成客房这种特殊产品的生产。

2.配合销售部门做好客房产品销售工作

与饭店的餐厅、康乐等部门不同,客房部不是直接赢利部门,它是生产部门,负责的是商品的供给,客房产品的销售则是由饭店的销售部和前厅部完成的。马克思说过,从商品到货币,这是一个惊险的飞跃。客房商品生产出来后,能不能顺利转变为货币,并不是理所当然、天经地义的,是个"惊险的飞跃",因此,作为生产部门的客房部与作为销售部门的前厅部、销售部要密切合作,利用客房的使用价值,不断通过出租加快其周转,完成商品交换才能产生良好的社会效益和经济效益。

3. 控制客房营运开支

如前所述,客房部是生产部门,并不直接产生经济效益,但是,如果客房部能控制营运开支,节省下来的资金就变成了对饭店净利的贡献。控制客房营运开支,其主要环节有客房固定资产折旧,水、电等各种资源消耗,客用品及清洁用品的消耗,劳动力成本等。

4. 为饭店提供服务保障

客房部所管辖的范围很广。除了客房楼层,饭店往往把公共区域卫生、绿化养护、布草洗涤等工作也纳入客房部的管理范围。客房部下设的公共区域组负责饭店公共区域的清洁卫生,绿化组负责饭店各处所需鲜花和绿色植物的提供及养护,草房和洗衣房负责饭店各部门员工所需的制服的洗涤与替换。从这层意义上来说,客房部为饭店的运作提供了保障,是整个饭店名副其实的"管家"部。

(二)客房部服务特点

现代饭店市场竞争越来越激烈,客人对客房产品的要求也越来越高。客房部的产品主要是服务,为提高客户的满意度,客房部管理人员应准确把握客房服务的特点去设计和提供服务。客房服务既与普通服务有着类似的共性特点,也有其独特的个性特点。

1. 客房服务的共性特点

(1)客房服务的无形性。客房服务是一种以客房为凭借、出租客房使用权的服务,并由此连带产生了宾客逗留期间的服务。住客支付的房费是房租,获得的是暂时的使用权,而当客人离开饭店时是不可能将客房这一产品带走的。可以说客人购买的是一种体验,这就要求客房部所有员工致力于送给客人一个完美的体验,才有可能吸引客人重复光顾饭店。

(2)客房服务的随机性。客房部每天面对的是新的客人,涉及的工作内容繁多,工作空间广泛,在对客服务过程中具有很大的随机性。在这种情况下,为了保证服务质量,客房管理除了按照传统的管理模式外,还需具有自己的管理特色。客房各级管理人员的走动式管理是客房部常用的管理办法,但在管理过程中,管理的随机性应该避免造成员工的抵触情绪。

(3)客房服务的不易控制性。服务是由人而不是机器提供的,客观存在的个体差异就决定了服务是不易控制的。首先,大多数工作人员的工作环境具有相对的独立性,不利于管理人员的督察;其次,客房物资用品皆为日常生活用品,如果管理不善,极易流失。所以客房部加强对员工素质和自我管理的培训尤为重要。

2. 客房服务的个性特点

(1)客房服务的单调重复性。客房服务的单调重复性一方面表现在客房一旦建设落成,会沿用较长一段时间,不易做出改变;另一方面,客房服务的首要任务是清洁整理客房,清洁整理的流程是相对固定的,具有单调重复的特点。

(2)客房服务强调隐性服务。客房出租后,虽然房间的所有权没有发生转变,但在租期内房间使用权归于客人,成为客人的"家外之家"。这就要求服务员充分尊重客人的隐私,减少对客人的干扰。客房服务因此具有隐性的特点:既要让客人享受到服务,又觉察不到有外人干扰的痕迹。

四、任务准备

与饭店业务相关的文字资料(包括客房部和其他部门的业务内容)。

五、任务实施

表1-10 任务实施表

序号	实施步骤	实施内容	要求
1	了解客房部业务范围	从饭店业务内容中找出客房部业务内容	
2	分析客房部业务范围	比较客房部业务内容,从中分辨最重要的内容	找出最根本的内容
3	分析客房服务的共性特点	对照"服务"的特点,分析客房服务的共性特点	找出共性之处
4	分析客房服务的个性特点	对照"服务"的特点,分析客房服务的个性特点	阐明特别之处

六、任务评价

表1-11 任务评价表

序号	评价内容	评价结果			
		优	良	合格	不合格
1	了解客房部业务范围				
2	分析客房部业务范围				
3	分析客房服务的共性特点				
4	分析客房服务的个性特点				

七、拓展知识

客房部工作的重要性

"住"是旅游"六大要素"(行、游、住、食、娱、购)的重要内容之一,是客人物质需求中必不可少的。无论是何种目的、哪一层面的旅客,到达目的地后首先需要找一个下榻的地方,通常就是宾馆、饭店或旅馆、招待所的客房,客房可谓客人的"家外之家"。客房是饭店的主体,在饭店建筑面积中,客房占70%~80%,饭店的固定资产也绝大部分在客房,饭店经营活动所必需的各种物质设备和物料用品,亦大部分在客房;客房部是饭店的主要组成部门,饭店的经济收入主要来源于三部分——客房收入、饮食收入和综合服务设施收入,其中客房收入是饭店收入的主要来源,客房要完成销售、创造收入有赖于客房部对客房产品的"生产",

而且客房部的工作内容涉及整个饭店的方方面面,为其他各个部门正常运转提供了良好的环境和物质条件。因此,客房部在饭店中占有重要地位。

任务2 客房部架构认知

一、任务描述

熟练掌握客房部的构成、分工、上下级关系。

二、任务分析

要完成此任务,学生应清楚认识客房部的组织架构,能描述重要工作岗位的主要职责,或根据工作职责给出工作岗位。

三、相关知识

客房部组织机构及岗位设置

客房部的组织机构因饭店规模、档次、业务范围、经营管理方式不同而有所区别。

(一)客房部组织机构设置

1.大型饭店客房部组织机构设置

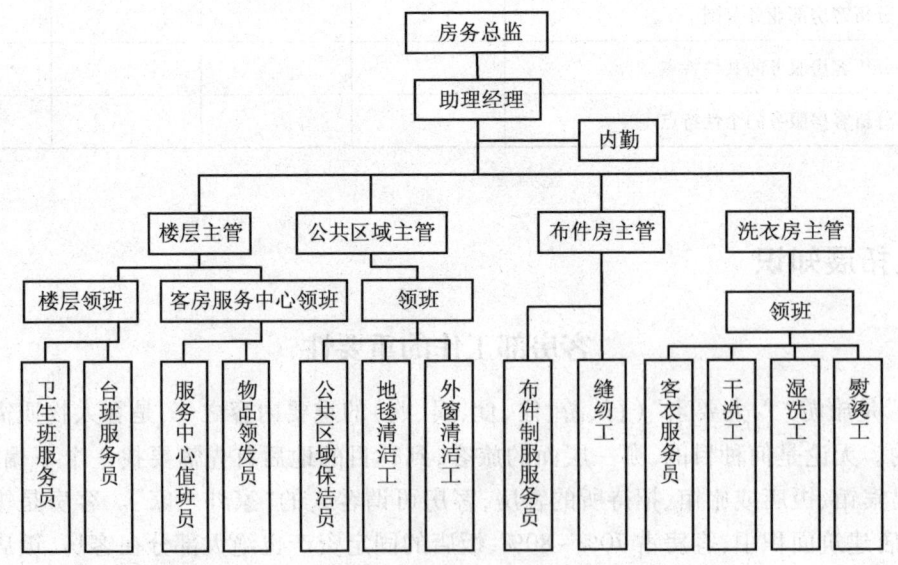

图1-4 大型饭店客房部组织结构图

2. 中小型饭店客房部组织机构设置

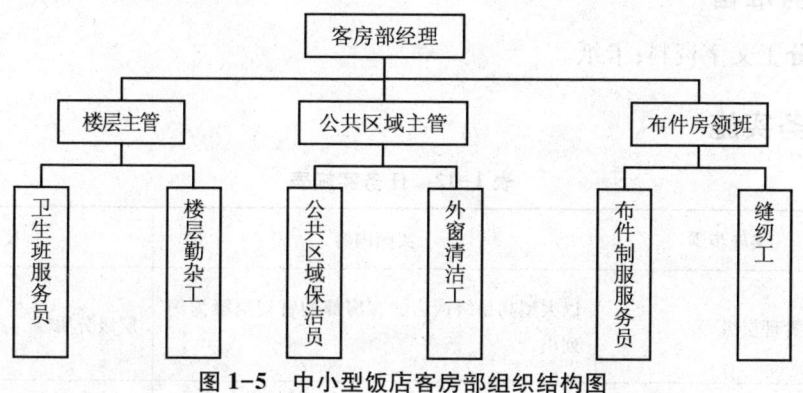

图1-5 中小型饭店客房部组织结构图

(二)客房部的岗位设置

客房部分工复杂,人员众多,因此合理的岗位设置是客房部进行有效管理的前提条件。下面以大中型饭店客房部组织机构设置为例进行说明:

1. 经理办公室

客房部设经理、经理助理各一名,另有秘书一名,早晚两班工作人员若干名。主要负责客房部的日常性事务及与其他部门联络、协调等事宜。

2. 客房楼层服务组

设主管一名,早、中、晚班领班若干名,负责所有住客楼层的客房、楼道、电梯口的清洁卫生和接待服务工作。大型饭店往往分设卫生班、台班和服务班。

3. 公共区域服务组

设主管一名,早、中、晚班领班各一名,负责饭店除厨房外的所有公共区域的清洁卫生。在规模大、占地面积广的饭店,由于任务、责任重,有可能成为一个独立的部门,负责公共区域的清洁、保养、防疫、绿化等工作。

4. 布件房

布件房与客房办公室毗邻,设主管、领班各一名,另有缝补工、布件及制服服务员若干名。主要负责饭店的布件和员工制服的收发、送洗、缝补和保管,确保布件和制服的周转使用。

5. 客房服务中心

设主管一名,接线员若干名。下设早、中、晚三个班次。其主要负责处理客房部信息,包括向客人提供服务信息和内部工作信息的传递调度,调度调节对客服务,控制员工出勤,管理工作钥匙,处理客人失物和遗留物品。

6. 洗衣房

通常设主管一名,早、中班领班若干名,下设客衣组、湿洗组、干洗组、熨衣组。洗衣房主要负责洗涤客衣和饭店所有布件与员工制服。

四、任务准备

客房部分工文字资料;卡纸。

五、任务实施

表 1-12　任务实施表

序号	实施步骤	实施内容	要求
1	列出管理层级	以大型高星级饭店的客房部的管理层级为例列出	层级分明
2	列出客房部主要二级部门	以综合性的客房部设置的方式为例列出	部门分工明确,层级关系清晰
3	讲述部门分工	——讲述各二级部门的主要工作范围	

六、任务评价

表 1-13　任务评价表

序号	评价内容	评价结果			
		优	良	合格	不合格
1	列出管理层级				
2	列出客房部主要二级部门				
3	讲述部门分工				

七、拓展知识

扁平化的趋势

在图 1-4 大型饭店客房部组织结构图中我们可以看到,大型饭店的客房部的组织层级达 4~5 个,由高层管理者到基层服务员之间隔着好几个层级。在人员众多、业务繁杂的情况下,分层级承担各自的职责,这不失为一种有效的管理模式。但是现在的饭店业是典型的微利行业,又是劳动密集型企业,人工成本压力巨大,所以饭店业采取"扁平化"的趋势很明显,就是加强高层管理者对基层服务员的直接管理,减少中间管理层级,以达到加强监控,同时减少人工开支的目的。

项目三　洗衣房认知

项目介绍

　　饭店每天迎来送往大量的客人,包括食客、住客、会议客等在内的各式人等。在各项接待服务中,必然要撤换下来污脏的棉织品,这些棉织品必须经过彻底的清洗以后才能重新用于接待客人;有些住客会向饭店要求帮助洗涤自己替换的衣物,而员工穿着的制服也需要替换,因此,每家饭店每天都面临着繁重的洗涤任务。在饭店业行话中,棉织品和衣物统称为"布件"。上规模的饭店一天经营运作下来,需要洗涤的布件数以吨计。为了处理数量庞大的布件的洗涤,大型饭店往往在客房部下设洗衣房(也有叫洗衣部、洗涤部的),内部消化洗涤任务,规模较小、需洗布件不多的饭店则倾向于将洗涤任务外包,将本饭店的布件送交社会专业化洗涤公司洗涤。本项目就洗衣房所用设备和洗涤剂做概括性介绍。

导入案例

　　实习生小谢在得知自己的实习岗位安排后,闹起了情绪——他被安排到了洗衣房。"凭什么啊,论身高长相,论学习成绩,我哪样比别人差,为什么把我发配到地下室去?"他想。人力资源主任林小姐看出了他的不快,就问:"怎么?觉得安排你去洗衣房大材小用啦?"小谢没吱声。林小姐说:"你别小看了洗衣房的工作,缺了它,饭店就没办法正常运转了,你连件干净的制服都没得穿。"小谢的沮丧表情有所好转,林小姐接着说:"就个人发展而言,洗衣房真的是个好地方,好好在里面学习,它会让你拥有一技之长,日后工作中你就有别人无法替代的优势。"小谢的眼睛开始发亮……

任务 1　洗衣房设备识别

一、任务描述

现场或通过图片、音像资料认识主要的洗衣设备。

二、任务分析

联系饭店洗衣房现场参观,由饭店员工讲解洗衣房设备。如条件不允许则通过图片、音像资料认识。

三、相关知识

洗衣房用到的洗衣设备主要有：

（一）干洗机类

干洗机是用来干洗衣物的设备，按干洗机的烘干回收系统不同，可分为开启式干洗机和全封闭干洗机；按其所使用的干洗溶剂可分为四氯乙烯干洗机和石油干洗机。干洗机一般由下列设施组成：洗涤系统、过滤系统、蒸馏系统、烘干回收系统、溶剂储存缸泵以及纽扣收集器。

（二）水洗机类

水洗机是用来水洗衣物的设备，按水洗机的功能不同，水洗机类型包括：单洗机、脱水机、水洗脱干机、隧道式连续洗涤机以及集成式自动洗涤系统；而水洗脱干机按其性能不同，可分为重力固定式和全悬浮式。

（三）烘干机类

烘干机是一种用于烘干布草的机械，用在布草水洗脱水之后，除去服装和其他纺织品中的水分。大多数的烘干机包括一个旋转的滚筒，内筒通过皮带驱动，在滚筒的周围有热空气用来蒸发水分。

（四）熨烫机类

用于熨烫各类棉织品和衣物的设备，包括直热滚筒烫平机、槽热滚筒烫平机、万能夹机、光板夹机、人像整烫机、各种专用服装夹熨机等。

（五）折叠机类

用于折叠客房和餐厅等部门使用的棉织品的机械，包括通用折叠机、专用折叠机、折叠输送机、层叠机等。

（六）辅助机械类

洗衣房里辅助洗烫、烫、堆、存的机械，包括叠码机、熨烫平台、去渍台、小型蒸汽发生器、衣物运送机械，等等。

四、任务准备

联系就近的饭店洗衣房以供参观学习，或准备图片、音像资料等。

五、任务实施

表1-14 任务实施表

序号	实施步骤	实施内容	要求
1	认识干洗机	认识干洗机的主要作用	能复述其主要作用
2	认识水洗机	认识水洗机的主要作用	能复述其主要作用

续表

序号	实施步骤	实施内容	要求
3	认识烘干机	认识烘干机的主要作用	能复述其主要作用
4	认识熨烫机	认识熨烫机的主要作用	能复述其主要作用
5	认识折叠机	认识折叠机的主要作用	能复述其主要作用
6	认识其他设备	认识其他设备的主要作用	能复述其主要作用

六、任务评价

表1-15 任务评价表

序号	评价内容	评价结果			
		优	良	合格	不合格
1	认识干洗机的主要作用				
2	认识水洗机的主要作用				
3	认识烘干机的主要作用				
4	认识熨烫机的主要作用				
5	认识折叠机的主要作用				
6	认识其他设备的主要作用				

七、拓展知识

在衣服所附的标签上有各种的洗涤标志,你知道这些标志的含义吗?

服装洗涤标志中英对照说明

- 可以手洗 WASHING WITH HAND
- 不可机洗 DO NOT MCHINE WASH
- 干洗 DRY CLEAN ONLY
- 不可漂白 DO NOT BLEACH
- 蒸汽熨烫 STEAM PRESSING
- 不可转笼翻转干燥 DO NOT TUMBLE DRY
- 平摊干燥 FLAT DRY

图1-6 常见洗涤标志图

任务2 洗涤剂识别

一、任务描述

现场或通过图片、音像资料认识主要的洗涤剂。

二、任务分析

联系饭店洗衣房现场参观,由饭店员工讲解洗涤剂的分类和使用说明。如条件不允许则通过图片、音像资料认识。

三、相关知识

洗衣房用到的洗涤剂主要有以下种类:

(一)干洗剂

目前干洗机所使用的溶剂主要是四氯乙烯和石油溶剂。

(二)水洗剂

水洗剂按其性状可分为洗衣粉、洗衣皂、液体洗涤剂、固体洗涤剂和洗衣膏。

1.洗衣粉

我们经常使用的洗衣粉有合成洗衣粉、加酶洗衣粉、漂白洗衣粉等。

合成洗衣粉是粉状(或颗粒状)洗涤剂,是我国合成洗涤剂中最常见的一种。这种洗涤剂是用表面活性剂与助剂配成黏稠的料浆,然后用喷雾干燥方法和附聚成型方法制造的一种混合物。加酶洗衣粉是在洗衣粉中加入了一定数量的酶制剂。漂白洗衣粉则是在洗衣粉中加进了一定数量的漂白剂。

2.洗衣皂

洗衣皂又称高级脂肪酸皂,学名为羧酸盐。羧酸盐一般是由油脂与碱在加热条件下皂化制成的,它是一种阴离子型表面活性剂。肥皂凝固点不同,其硬度也有所不同。凝固点高的硬度大,凝固点低的硬度就小。

3.液体洗涤剂

洗衣用的液体洗涤剂可分两类:一类是弱碱性液体洗涤剂,它与弱碱性洗衣粉一样可洗涤棉、麻、合成纤维等织物;一类是中性液体洗涤剂,它可洗涤毛、丝等精细织物。

4.固体洗涤剂

固体状洗涤剂从性质和成分上基本与合成洗衣粉相似,只是在配方中加入一定量的石蜡及滑石粉,保持成型时一定的硬度。

5.洗衣膏

洗衣膏是以表面活性剂为主体配制的膏体,其性质与成分也与洗衣粉近似,要加入一定量的氯化钠来提高膏体的稳定性。洗衣膏的碱性偏大,不适合用来洗涤丝、毛等精细织物。

(三) 洗涤助剂

在洗涤过程添加到主洗剂中增强洗涤效果,或专门处理某类特殊污迹的助剂。主要包括:

(1) 中性洗涤剂:厨房专用洗涤剂,适用于丝、毛织物。

(2) 碱性洗涤剂:氨水、硫酸苏打。氨水对汗渍、血渍、漆渍等多种污渍有去除作用。

(3) 酸化剂:属漂白剂,如次氯酸钠等。

(4) 其他去污剂:牙膏、食用醋也可作为去污剂使用;冰醋酸是无色透明液体,主要用于去除纤维中残留碱液,起中和作用,消除极光,保护衣料;甘油——透明黏稠状液体,可对蛋白质纤维上的污渍进行清洗;无水硫酸钠——白色粉末,用于洗涤过程中增强对重脏部位污垢分解处理;多聚磷酸钠——白色粉末,用于增强去污效果。

四、任务准备

联系就近的饭店洗衣房以供参观学习,或准备图片、音像资料等。

五、任务实施

表 1-16　任务实施表

序号	实施步骤	实施内容	要求
1	认识干洗剂	认识干洗剂的主要作用	能复述其主要作用
2	认识水洗剂	认识水洗剂的主要种类和作用	能复述其主要作用
3	认识洗涤助剂	认识洗涤助剂的主要种类和作用	能复述其主要作用

六、任务评价

表 1-17　任务评价表

序号	评价内容	评价结果			
		优	良	合格	不合格
1	认识干洗剂的主要作用				
2	认识水洗剂的主要种类和作用				
3	认识洗涤助剂的主要种类和作用				

七、拓展知识

洗衣房的工作标准

(一)棉织品洗涤质量标准

(1)毛巾类:洗后的毛巾洁净、蓬松、柔软。

(2)床单枕套类:洗后的床单清洁、柔软、洁白。

(3)台布口布类:洗后的台巾、口巾清洁、柔顺,有挺括感,无任何油迹、污迹。

(二)客衣洗涤质量标准

(1)干洗:洗涤后的客衣清洁,无任何污迹、汗渍、掉色、脱扣等现象发生。

(2)湿洗:湿洗后的客衣干净、完好、不褪色、不染色、无任何污迹。

(3)熨烫:整个客衣洗涤做到衣物洁净无污迹、无异味、平整、挺括;折线清晰,裤线无双线。

(三)工服洗涤质量标准

洗衣房将不同种类和布料的制服分类洗涤。洗后的制服清洁、美观,无污迹、开线等现象发生。需要补修的制服,交布件房修好。

项目四 布件房认知

项目介绍

布件房是饭店布件的中转站,负责储存、收发制服和棉织品,本项目中你将学习棉织品的管理,掌握棉织品一般常识,熟悉棉织品贮存与保养的要点。

导入案例

布件房有多重要?从几个数字我们可以了解个大概:

7吨。这是在中国大酒店每天要洗的衣物,各部门的布件诸如床单、毛巾、桌布、台裙。而这7吨的棉织品最终是由布件房分发出去的。

6000套。高峰期员工制服的总数,6000套制服的运转、收发由布件房负责。

1047间客房。每间客房都需要床单、被套、枕套、毛巾、浴衣,加起来是多么大的数字!负责处理它们的,仍然是布件房……

(资料来源:钟健夫,丁河月.传奇五星之道.广州:花城出版社,2004.)

任务1 布件房的认识

一、任务描述

掌握布件房的主要工作内容和饭店布件的分类。

二、任务分析

要完成这个任务,学生需深入了解布件房的工作,掌握布件的种类。

三、相关知识

(一)饭店布件的种类

布件,在广东和香港也叫"布草",是英文 Bath Towel 的广东话的译音。棉织物一词包括饭店、饭店内任何能洗涤的物件。

按其用途来说可分为三大类:

(1)客房用的布件:床单、枕套、毛巾、毛毯、窗帘、床罩等。

(2)餐厅用的布件:台布、餐巾、台裙、毛巾等。

(3)员工制服。

按织物的质地划分则可分为天然纤维织物、人工纤维织物和混合纤维织物。饭店内使用单纯人工纤维的织物很少,主要使用天然纤维里的棉、麻纤维织物和混合纤维织物。

(二)缝纫组的工作

很多饭店在布件房下设(或由布件房员工兼任)缝纫组,负责修补棉织物。对于饭店来说,织物的修补总是一项合算的投资,因此,缝纫组的工作对于饭店节约成本费用而言,是相当重要的。饭店可以根据需要,聘用一名非全日制的缝纫女工,也可以设立缝纫班组,负责改做制服或缝补棉织品织物。

缝纫组的主要工作包括:

(1)改做制服;

(2)修补台布、床单等;

(3)缝补窗帘、床罩、沙发套以及任何价格较高而只需稍作修补就能重新使用的物品;

(4)用报废的餐巾等制作厨师用工作布。

四、任务准备

餐饮部、客房部的各种布件,若干饭店制服。

五、任务实施

表1-18 任务实施表

序号	实施步骤	实施内容	要求
1	认识餐饮部布件	认识台裙、桌布、口布等餐饮部布件	识别种类
2	认识客房床品	认识各种质地的床单、被套、枕套等布件	区分质地
3	认识客房四巾	认识各种质量的四巾	区分不同质量的四巾
4	认识饭店制服	认识多个部门、层级的制服	了解制服所属部门、层级

六、任务评价

表1-19 任务评价表

序号	评价内容	评价结果			
		优	良	合格	不合格
1	认识台裙、桌布、口布等餐饮部布件				
2	认识各种质地的床单、被套、枕套等布件				
3	认识各种质量的四巾				
4	认识多个部门、层级的制服				

七、拓展知识

（一）布件房的"分外"工作

布草房虽然是一个后勤部门，但与客人的关系非常密切——

◆ 有一次，一位加拿大客商要离店，马上要去乘坐飞机了，可是他在广州采购了太多东西，行李袋负重不了，提手的地方突然断了，怎么办？只能到布草房求助。布草房备有衣车之类的修补设备，不到10分钟，就给客人修好了行李袋。

◆ 布草房有一个专柜比较特别，是用来保管贵宾用品的。有的客人要求比较特殊，希望有自己专用的浴衣、床单、被套、枕套和毛巾。对此，饭店都会认真登记在册，等客人下次入住时立即拿出来使用，再将这些用品送洗衣部特别清洗，然后重新归入布草房专门保管。

（资料来源：钟健夫，丁河月.传奇五星之道.广州：花城出版社，2004.）

注："布草房"是该酒店对布件房的命名叫法。

(二)高星级饭店客房布件质量规格

表1-20 客房布件质量规格

条款	品名	规格
4.14.1	布草	
4.14.1.1	床单、被套、枕套	不低于80×60支纱
4.14.1.2	床单、被套、枕套	含棉量为100%
4.14.1.3	毛巾	32支纱(或螺旋16支),含棉量为100%
4.14.1.4	浴巾	不小于1400mm×800mm,重量不低于750g
	面巾	不小于750mm×350mm,重量不低于180g
	地巾	不小于800mm×500mm,重量不低于450g
	方巾	不小于320mm×320mm,重量不低于55g

注:摘自《旅游饭店星级的划分与评定》(GB/T 14308—2010)附录表B.1设施设备评分表,表中各项规格均为该项目满分规格。

任务2 布件领取及存放

一、任务描述

模拟制服收发的流程。

二、任务分析

要完成此项工作,需对布件房与洗衣房的协作程序、更换制服的程序比较熟悉。

三、相关知识

(一)确定棉织品的储备标准

客房部棉织品的储备标准为每床3至5套不等,取决于营业状况、客房出租率、洗衣房运转状况、部门预算等因素。一般最低的标准是3套:一套在客房使用;一套在洗衣房洗涤;一套则储存在棉织品仓库备用。但如果预算不是很紧的情况下,更保障一点的需要量则是5套:一套在客房内使用;一套在楼层储物室或工作车上;一套在中心棉织品仓库;一套已经脏了正送往洗衣房;一套则正在洗衣房处理之中。

(二)棉织品的储存与保养

对于棉织品的储存与保养应注意以下要点:

(1) 棉织品必须避潮储存,如果棉织品仓库与洗衣房相连,那么相连处的门就必须具有较强的密封性能,而且应尽可能地少打开。

(2) 棉织品仓库必须保持良好的通风。

(3) 棉织品仓库的搁板、搁架边沿应光滑,不能锋利突出。

(4) 棉织品(尤其是混纺床单)在洗涤完并经过烘干机烘干以后,应放在储存架上"休息"一下,而不要直接拿去使用,这样可以延长棉织品的使用寿命。

(5) 不能将棉织品堆放在混凝土地面上(可放在乙烯基石棉地面上)。

(6) 撤下的脏布草应得到及时洗涤。

(7) 破损的床单等应得到及时缝补。

(三) 棉织品更新

饭店在经营过程中,会使很多布草因使用时间过长而改变颜色、破旧甚至破损,还有些布草由于管理不善、操作不当而出现斑斑点点的污迹,如黄色锈斑、黑色油污等,对于这类布草,饭店应及时更换,使其退出服务过程,而不应凑合着用,否则会严重影响服务质量,使饭店的利益遭受损害。

通常,各类棉织品使用到八成左右程度时就需要更换新棉织品。这时,棉织品的洗涤次数为:床单、枕套 130~150 次;毛巾类 100~110 次。

布草的退换应由饭店布草使用部门与布草房(洗衣房)共同把关,将旧布草用于后台区域继续使用或改作清洁用途。饭店采购部门应对照退出使用的旧布草、脏布草,及时予以全额补充,以保证布草正常周转。

(四) 制服的管理

1. 制服的设计和选购

制服是员工工作时穿着的服装,包括:套装、衬衫、领带(结)、厨师制服、厨师帽等。设计良好的制服不仅可以方便员工的工作,而且能够体现饭店的个性、风格和经营特色,是展示饭店风采的好载体。因此,员工的制服之于饭店的形象、员工的士气及工作效率具有重要意义。制服设计差会有损于饭店的形象,制服不讲究则会损伤员工的工作干劲,影响员工士气,并最终危及饭店的服务标准。

设计和选购制服时,应考虑以下因素:舒适、实用、美观、耐用、易保养。

其中,"舒适""实用"是设计和选购制服时应考虑的首要因素。饭店应根据各部门、各岗位的工作性质和特点来选购和设计员工制服,使员工便于操作。例如,客房服务员要经常弯腰搞清洁工作,因此,其工作服的设计就应采取裤装而非裙装,宽松一些,不能太紧、太短,以免弯腰时露出身体的某一部分;另外,如同外套和领带对管理人员来说必不可少一样,衣袋则对餐厅服务员来说是十分必要的,而且,这些衣袋应当足够宽大、结实,使服务员能够放进账单、零钱、圆珠笔和小镊子等什物。

除了舒适和实用以外,员工的制服还应美观、耐用和易保养。此外,最好的设计还应使员工不会在家穿着,不应鼓励员工穿着制服从事饭店以外的工作,以减少对制服的过度损耗。

2.制服的订购量

一般来说,每位员工三套制服是最起码的订购量,但明智一点的饭店经理会要求额外再加一些,以备更换之用。

3.制服的日常送领

制服的收取和发放均在布草房的专用窗口进行。员工每天上、下班前,将制服送到布草房,制服管理员收取后,将干净的制服发放给员工(制服管理员在收取制服时,必须检查制服上的编号或姓名有无脱落,以免混淆)。

制服管理员在将收取的脏制服送洗衣房洗涤前要进行登记,洗净后再由制服管理员验收入库。

4.制服的入库保管

(1)分类保管。制服应按质料、使用部门等进行分类保管。例如,厨师制服为棉织品,洗涤频率高,应将它们放在最容易拿取的地方;而全毛套服保管要求高,换洗频率则较低,可悬挂在高处,既干燥又不易污染。

(2)制服上架。洗净后的制服经检查和修补后,要用衣架挂起,衣架杆上最好有固定挂钩并标有员工工号或姓名,制服对号入座。工号和姓名可按姓氏的第一个字母顺序排列,以方便存取。

(3)统一修补。制服如出现破损,如开裂、绽线、脱扣等,由缝纫工统一修补。对于无法修补的制服,由主管检查确认后签字,从后备制服中补发。

5.制服的更新和补充

(1)建立制服消耗记录卡。对各部门的员工制服做好消耗记录,定期汇总,因破损、丢失而补发的制服,要按部门登记入账,定期将账单交财务部。

(2)制服的更新、补充。对于因洗涤、磨损等自然原因造成的更新需求,要按有关规定和程序,办理有关更新手续。对于损坏、丢失等原因而需要补充的,由部门主管查明原因,由员工本人填写"制服审领单",经部门经理签字后,由布草房负责报销和补充新制服。

四、任务准备

若干套饭店制服;模拟布件房的物架、柜台。

五、任务实施

表 1-21 任务实施表

序号	实施步骤	实施内容	要求
1	接收脏制服	以脏换净,更换制服	核对编码,检查有无遗留物
2	送洗衣房	送洗衣房进行洗涤	分好类别
3	取回制服	将洗好的制服取回、上架	不能折叠,顺序挂好

六、任务评价

表1-22 任务评价表

序号	评价内容	评价结果			
		优	良	合格	不合格
1	以脏换净,更换制服				
2	送洗衣房进行洗涤				
3	将洗好的制服取回、上架				

七、拓展知识

防止棉织品的二次污染

棉织品的二次污染是指脏布草撤换之后、送洗之前形成的新污染,或者是干净布草洗涤以后、使用之前所形成的污渍。因此,应重视加强员工职业思想教育,增强客房和洗衣房员工的责任心,使他们尽心尽责,爱惜布单,要避免操作中的不文明,对不负责任的员工批评教育,使他们正确认识到二次污染对饭店造成的损失。

模块巩固

1.为什么饭店的"标准间"是配备两张单人床的房间?现在有些高档商务饭店中大床间的数量已经多于传统意义上的"标准间"的数量,这一现象说明什么问题?

2.画出大型饭店客房部组织结构图。

3.讲述客房部是怎样进行业务分工的?你倾向于在客房部哪个二级部门工作?描述从事该部门工作所应具备的素质条件。

4.将客房功能空间构成,各空间主要家具、电器、客房备品、易耗品列出并填入下表:

功能空间	家具	电器	客房备品	易耗品

5.辩论。辩题:客房应该取消"六小件"。全班同学分成正反方,分别派出代表进行辩论。

6.从自身出发,设想如果有专门为"90后"服务的客房,房间应该如何布置?应提供何种服务?

模块二　客房清扫服务

客人入住饭店后,客房属于客人的私人场所,因而他们对于客房的要求往往比较高。虽然客人在跨入饭店的同时已经形成对饭店的第一印象,但当其最后来到属于自己私人空间的客房时,这之前所有的印象马上被眼前的观感所取代。一位客房部经理曾经这样说过:"客房是饭店的心脏。除非客房的装修完好、空气新鲜、家具什物一尘不染,否则你将无法让客人再次光顾。"饭店是通过不断地销售客房的使用权来获得房租的,而房间能周而复始地销售,靠的是客房部保持高质素的清扫。

学习目标

- 能按规范完成客房清扫前各种准备工作。
- 能按规范清扫各种类型房间。
- 能熟练地铺床、抹尘、吸尘。
- 能为客人提供开夜床、小整理等杂项清洁服务。

项目一　清扫前的准备

项目介绍

"工欲善其事,必先利其器。"要维护客房的清洁卫生,为客人提供清洁舒适的客房,清扫前的准备工作必不可少。本项目主要从技术准备和具体的预备工作两个方面介绍客房清扫的准备工作。

导入案例

某酒店交班本上面记录了几个案例:

7月11日晚21点左右,8209客人打电话到前台说:"你们的服务是怎么搞的? 矿泉水没给我送,牙刷少一个。"当班接待员说:"很抱歉,先生,我们马上派服务员给您补上,你稍等。"客人很不高兴地说道:"你光道歉有什么用,马上给我送过来。"随即挂断电话。当班接待员立即打电话到台班说明情况。

7月15日15:40,8302的常客陈小姐讲:她从上个礼拜六入住到现在已有五天时间,昨天她告诉楼层服务员今天把被罩换成新的,但回来后发现被罩未换,喝水的杯子未刷,地毯上有卫生纸屑等杂物,且饮水机上纯净水只有一指高,洗手盆内没有水不说,里面还有风干的果肉,引起客人的不满,当班人员连忙向客人道歉,并答应客人处理好此事。

7月28日下午15点左右,8332、8336的客人反映房间卫生清理不及时,经过了解得知,原来是客人在离开房间时让服务员清理房间,但当客人回来时房间还没有清理,为此客人感到特别生气。

思考:几个案例中暴露的都是小问题,但是如果在服务过程中不加以注意,小问题可能会转变为大状况。你,做好为客人服务的准备了吗?

任务1 清扫前的技术准备

一、任务描述

要成为一个合格的客房服务员,清扫房间是必备的技能。在开展清扫前,必要的技术准备主要包括基本的清扫方法和常见客房房态的掌握。

二、任务分析

完成此项任务,对客房清扫的基本方法及其原理、常见房态的含义要熟练掌握。

三、相关知识

(一)掌握客房清扫的基本方法

客房清扫的具体程序和方法可能各师各法,各饭店有各自的一套,但是,有些客房清扫的基本方法是公认的准则,服务员必须加以掌握,以达到避免重复劳动、防止意外事故发生、提高工作效率、确保客房清洁的目的。

(1)从上到下。在清洗卫生间和房间抹尘时,应采用从上到下的方法进行。

(2)从里到外。卧室地毯吸尘和擦拭卫生间地面时,应从里到外倒退着进行。

(3)环形整理。家具物品的摆设是沿房间四壁环形布置的,因此,在房间抹尘、检查房间和卫生间的设备用品时,应从房门口开始,按照顺时针或逆时针方向循环形路线进行,这样可以避免出现卫生死角或重复整理,既省时、省力又能提高清洁卫生的质量。

(4)区分使用抹布。应严格区分擦拭不同家具设备及物品的抹布,避免"一条抹布抹到底"。

(5)抹布折叠使用。擦拭家具设备、物品时,不论是干抹布,还是湿抹布,都应折叠使用,这样可以提高抹布的使用率,有利于提高清扫速度,保证客房清洁卫生质量。

(二)房态含义

在模块一的学习中我们了解到了客房服务的个性特点,在服务宾客尤其是在对宾客房间进行清扫的过程中,要体现隐性服务,所以服务员应了解自己所要清扫客房的不同状况,亦称房态。如表2-1所示,房态归纳起来主要有以下几种:

表 2-1　房态含义表

房态类型	中文术语	英文术语	缩写	代表的含义
住客房 Occupied Occ	请勿打扰房	Do Not Disturb	DND	该房客人不愿被服务人员或其他人员打扰
	请即清扫房	Make Up Room	MUR	该客房的住客因会客或其他原因需要服务员立即清扫客房
	外宿房	Sleep Out Room	S/O	该客房已被租用,但住客昨夜未归
	无行李房	No Baggage	N/B	该客房的住客无行李
	轻便行李房	Light Baggage	L/B	该客房的住客行李数量很少
	贵宾房	Very Important Person	VIP	该客房的住客是饭店的重要客人
	长住房	Long Staying Guest	LSG	被客人长期包租的客房
	自用房	House Use	HU	该客房的住客为本饭店人员
	免费房	Complimentary	Comp	该客房的住客为免费入住人员
	无需服务	Need No Service	NNS	该客房住客提出无须清洁整理
	加床房	Extra Bed	E	该客房有加床服务
走客房 Check Out C/O	预退房	Expected Departure	E/D	该房住客不续住,预期在当天中午 12 时前退房
	未清扫房	Vacant Dirty	VD	该房住客已结账并已离开客房,未经过清扫
	已清扫房	Vacant Clean	VC	该客房已清扫完毕,并经过检查可以重新出租的客房
空房		Vacant	V	指昨日暂时无人租用的 OK 房
维修房		Out Of Order	OOO	该客房因设施设备发生故障,暂时不能出租

由于位置有限,所以在报表上和在电脑管理系统中,房态一栏通常使用英文缩写标明,这就要求我们对房态尤其是其英文含义加以掌握。

四、任务准备

一般清洁用具、教室或模拟客房、文字资料。

五、任务实施

表 2-2　任务实施表

序号	实施步骤	实施内容	要求
1	擦黑板(窗户)	由上到下擦黑板或窗户	领会清扫方法
2	拖地板	由里到外拖地板	领会清扫方法

续表

序号	实施步骤	实施内容	要求
3	用抹布抹尘	环形路线抹尘	领会清扫方法
4	抽背中英文房态	背诵、默写中英文房态	掌握中、英及缩写

六、任务评价

表 2-3 任务评价表

序号	评价内容	评价结果			
		优	良	合格	不合格
1	由上到下擦黑板或窗户				
2	由里到外拖地板				
3	环形路线抹尘				
4	背诵、默写中英文房态				

七、拓展知识

(一)清洁保养的概念

习惯上我们经常把清洁和保养放在一起,实际上清洁与保养是两码事。清洁是一项对已受污脏的物体或空间进行去污的工作,如铲除香口胶,去油渍等;而保养是对物体或空间进行维护,使之不易脏、不显脏、易清洁的工作,如给大理石打蜡;铺设星期毯等。

(二)清洁保养工作的对象——各种污脏的表现形式

(1)灰尘:微小的颗粒物。它可能是灰土、毛发、绒毛、肤屑、细菌、沙砾等。当你看得见灰尘时,说明那处空间或物体已经非常脏了!

去除灰尘的方法:物理法。主要通过擦拭、吸力清除。

(2)污垢:灰尘附着于物体表面遇水分或油脂,变成黏着在物体上的块状污脏物;黏附于物体表面的外来污脏物。如:建筑(装修)时留下的水泥、石灰、油漆等污点;"牛皮癣"、香口胶等都属于这种污脏。

去除方法:物理法为主。铲除、摩擦等。

(3)渍迹:一种褪色。渍迹产生的时间越久远,就越难处理。

处理的方法:物理法和化学法综合运用。物理法:吸收;迅速地大量冲水。化学法:根据渍迹的性质(酸碱度)采取酸性或碱性的清洁剂与渍迹发生中和作用。

(4)锈蚀变色:金属氧化而致。
处理方法:化学法。利用氧化还原的原理,根据锈蚀金属的种类分别使用擦铜水、不锈钢光亮剂等清洁剂去除锈迹。

如果是金属表面锈蚀变色,处理起来相对简单;如果是锈蚀黏附在其他物体表面,那种污脏就变成了渍迹,几乎不可能把它去除。

任务2 清扫前的预备工作

一、任务描述

模拟服务员在开始清扫前所做预备工作流程,完成清扫客房的预备工作。

二、任务分析

要完成此项任务,需对工作流程比较熟悉,能开展具体的预备工作。

三、相关知识

客房服务员进入饭店开始一天的工作,首先做的是清扫预备。这些预备工作包括以下环节:

1.签领客房钥匙

服务员在清扫客房前,应先签领客房工作钥匙和客房清扫日报表。工作钥匙通常由客房服务中心接线生保管和收发,收发时必须履行一定的签领、签还手续,使用工作钥匙登记表,当事人双方填表签字认可;客房清扫日报表可兼作任务书,领到的表上通常会注明该服务员当天负责清扫哪些客房、房态信息、特殊要求等。

2.确定清扫顺序

服务员根据"客房清扫日报表"了解自己所要清扫的客房状况,并决定当天的客房清扫顺序。客房清扫顺序一般如下:

(1)贵宾房。

(2)请即打扫房。客房门上挂着"请即打扫"牌或亮着"请即打扫"指示灯的客房;客人口头上提出要求立即清扫的客房;总台或领班指示立即清扫的客房。

(3)走客房。

(4)住客房。其中,长包房可以和住客协商,每日定时为其清扫;请勿打扰房须待客人取消"请勿打扰"提示之后再进房清扫。通常,对下午2:00仍为"请勿打扰"的客房,应通过电话询问,以免客人发生意外。

(5)空房。

在实际工作中,饭店可以根据各自的具体情况安排清扫顺序,如旺季,可以先清扫走客房,后清扫住客房,以加速客房的周转;淡季则可以先清扫住客房,后清扫走客房,以体现"宾客至上"的服务宗旨;也有的饭店先安排清扫空房。另外,住客房清扫应尽量在客人最方便的时间进行,如趁客人外出时;其中 VIP 房应优先清扫。在同一楼层很少出现好几间客房同时急需清洁的状况,而这些房间又恰好是归属同一个服务员负责的可能性更是甚微,万一真有这种状况发生,应进行调整,安排其他服务员甚至领班、主管予以支援,务求不要让客人久等或让客人感觉到自己的要求没被重视。

3. 准备房务工作车

房务工作车的准备工作,一般在前一天下班前做好,但在进行客房清扫前还应检查一遍,如发现物品短缺,应及时补齐。房务工作车准备程序一般如下:

(1)清洁工作车。在工作间将空置的工作车用半湿的抹布内外擦净后抹干,并检查有无损坏现象,使用是否灵活,如有问题应及时修理。

(2)挂好垃圾袋和布件袋。将干净的垃圾袋和布件袋挂在工作车的两侧,并扣紧搭扣,分别用于放置客房内撤出的垃圾和脏布件。

(3)配备车上物品。首先将干净的布草折叠整齐放在车架的格子中。一般上面一格和中间一格放置浴衣和卫生间的"四巾"(即浴巾、面巾、小方巾、地巾),下面一格放置床单、枕套。为了减少重复劳动,"四巾"应按饭店规定折叠好,如有店徽,应把店徽朝外折叠;床单、枕套放入工作车中时应齐口朝外,以便拿取;然后将客用品主要是低值易耗品分门别类,整齐地摆放在工作车的顶架上。摆放客用品时最好从工作车开口一面由低到高排列,以方便服务员拿取;同时应注意有些用品不能混放:香皂不能与茶叶放在一起,以免茶叶变味。各饭店都应根据自身的实际情况,规定好不同物品的摆放位置,做到统一规范。

(4)最后将清洁桶放在工作车底层的外侧,专用清洁桶通常分为四格,以分别摆放不同用途的清洁工具和清洁剂。常用清洁工具有:海绵、浴缸刷、恭桶刷、胶皮手套、抹布等;常用清洁剂有:多功能清洁剂、恭桶清洁剂、地毯去渍剂、消毒剂等,所有物品应整齐地放在清洁桶内。

4. 准备吸尘器

清扫客房时,应检查吸尘器是否完好,尘袋有无倒净,并准备好清扫所需的其他配件。

5. 检查仪表仪容

客房服务员在做好以上准备工作后,应检查自己的服装、铭牌、头发、鞋袜等是否符合饭店的要求。检查完毕后,将房务工作车和吸尘器推到自己负责清扫的区域,开始当天的清扫工作。

四、任务准备

房务工作车、吸尘器、备品和耗品。

五、任务实施

表2-4 任务实施表

序号	实施步骤	实施内容	要求
1	清洁工作车	使用抹布清洁工作车内外	无死角,同时检查运转情况
2	挂好垃圾袋和布件袋	将干净的垃圾袋和布件袋挂在工作车的两侧	摆放整齐
3	配备车上物品	将耗品、备品配置到工作车上	合理利用空间
4	配置清洁桶	清洁用品用具放置到清洁桶(篮)中去	摆放整齐
5	准备吸尘器	清洁、检查吸尘器	运作正常

六、任务评价

表2-5 任务评价表

序号	评价内容	评价结果			
		优	良	合格	不合格
1	使用抹布清洁工作车内外				
2	挂好垃圾袋和布件袋				
3	将耗品、备品配置到工作车上				
4	清洁用品用具放置到清洁桶(篮)中去				
5	清洁、检查吸尘器				

项目二　客房铺床

项目介绍

铺床又称做床,是客房服务员必须掌握的基本技能之一,能熟练地铺床,对提高客房清扫效率、节省清扫时间起到关键性的作用。本项目主要学习当今流行的中式铺床的方法。

导入案例

实习生小谭和她的带班师傅正在员工饭堂用午饭,突然接到服务中心急呼,师傅负责的一间走客房因为房态紧张已出租,今天的住客即将安排入住,要她们去赶房。她们立即赶回房间,师傅分配了任务,她自己负责洗卫生间、抹尘工作等,要小谭负责做床。小谭很麻利地铺好两张单人床,还赶得及在师傅补充物品前用吸尘机吸尘。15分钟后,几乎在她们清洁完客房、退出房间的同时,行李员带着客人来到了楼层,她们快速及时的工作避免了一场可能激发的投诉。

思考:你知道客房服务员每天要铺多少张床吗?铺完一张床需要多长时间?

任务　客房铺床

一、任务描述
按照中式铺床的质量标准和时间标准铺好一张床。

二、任务分析
要按质按时完成铺床,每个环节、步骤都要掌握要领,反复操练。

三、相关知识
铺一张中式床的基本程序如下:

1. 整理床

在撤布草的过程中,有可能使床垫移位,护垫翘角,要按顺时针方向去整理将它们复位,注意:保护垫的正面要朝上,无污渍及毛发。将床拉出至方便操作的位置。

2. 铺床单

铺床单分为三个步骤来完成:

甩单:用左手抓住床单尾部商标,右手抓住床单尾部打松,并将其抛向床尾位置,然后右手抓住床单头分别向左右两边打开床单。

开单:两手相距80~100cm(视床单中线确定)距离,手心向下,抓住床单头按在床垫约30cm处,然后将床单提起约70cm高度,使空气进到床尾部位,呈鼓起状,身体稍向前倾,用力将床单甩出去,当空气将床单尾部推开的瞬间,顺势调整将床单往床头方向拉至超出床垫下沿约15cm。

包角:先包床头,将床头下垂部分的床单掖进床垫下面,包右角,左手将右侧下垂的床单拉起折角,右手将右角部分床单掖入床垫下面,然后左手将折角往下垂拉紧包成直角,右手将折角下垂的床单掖入床垫下面,包左角与包右角相同,床尾左右角包法与包床头左右角一样。

注意:整张床单铺完后床单的正面在上,床单商标在床尾,中线居中,开单要一次定位,床单要包紧,且四个角都要成直角。

3. 入被套

入被套分为三个步骤来完成:

取被套把被套于床面打开,再撑开被套入口,面向上,底向下;

将折好的棉被取到床尾,要分清被尾(有商标的为被尾),左手分三折抓紧被头,并抓紧

两个被角向被套顶两个角位伸进,先把左边被角对齐左边被套角,然后把右边被角对齐套住,顺着棉被边与被套边拉下;

接着可按身高拉直或抛出,让棉被尽量与被套符合,把入好的棉被正中放于床上,入好的棉被要求平整,棉被不能有褶皱,两边长度一致,自然垂直,不能鼓起,被尾要离地毯20公分,被尾两个角翘起为标准。

4. 套枕头

将枕芯平放在床上,两手撑开枕袋口使其进入空气,将枕芯放到枕袋口,左手提起枕袋口上边缘,右手将枕芯对半折顺势塞到枕袋里去,然后双手各提住袋口,边提边抖动使其全部进入,最后将超出的枕芯部分的枕袋掖入枕芯里面把袋口封好。

5. 放枕头

枕头靠床头平放居中,放好的枕头必须四周饱满平整且枕芯不外露。

放好枕头后,将床退回原位。

四、任务准备

按2~3人一组,每组一张床和一套床品的标准准备。

五、任务实施

表2-6 任务实施表

序号	实施步骤	实施内容	要求
1	将床拉到容易操作的位置	(1)屈膝下蹲,用手将床架连同床垫慢慢拉出约50厘米左右 (2)将床、床垫拉平放正,检查床垫四周的松紧带是否脱落,注意床垫卫生状况,如有污迹、破损等应撤换干净的 (3)留意席梦思上所写的数字是否为本季度标志	注意使用腿部力量,以防闪腰
2	铺床单	(1)将第一条床单铺在床上(包单、包边、包角),床单正面向上,中折线居床的正中位置,均匀地留出床单四边,使之能包住床垫 (2)四个角式样、角度一致包成直角,四个角均匀、紧密。席梦思四边多余的床单分别塞入床与床架中间	干净利索,不拖泥带水

续表

序号	实施步骤	实施内容	要求
3	套被套	(1)被套平铺在床上,开口在床尾,被套无污迹,无破损	注意用力的技巧
		(2)从开口处将两手伸进被套,首先将被套反面朝外,将被套的两角处对准被子的两角,然后将被套翻身,拉平被套,四角塞入后,对准整平,开口处在床尾,铺在床上,床头部分向上折起25厘米;后面下垂部分跟地毯齐平,并拉挺	
4	套枕套	(1)将枕芯装入枕套;不能用力拍打枕头	方向准确
		(2)将枕头对准床头的正中,距床头约5厘米;两张单人床枕套口与床头柜方向相反,双人床枕套口互对,单人床和双人床的枕头与床两侧距离相等	
5	将床退回原位	(1)放上床尾带及靠垫,床尾带必须要平整,两边均匀下垂,靠垫放在枕头前	使用腿部力量
		(2)用腿部力量将床缓缓推进床头板,再检查一遍床是否铺得整齐、美观,并整理床裙,保持自然下垂、整齐	

六、任务评价

表2-7 任务评价表

序号	评价内容	评价结果			
		优	良	合格	不合格
1	将床拉到容易操作的位置				
2	铺床单				
3	套被套				
4	套枕套				
5	将床退回原位				

七、拓展知识

床的基本类型和特殊类型

(一) 基本类型

基本类型指的是多数饭店都配备的西式床,主要由床架、床垫和床头挡板三部分组成,根据宽度将其区分开来。

表 2-8　基本类型的床

类型	英文名称	长度(米)	宽度(米)
单人床	Single Bed	2	1.2~1.35
双人床	Double Bed	2	1.4~1.6
大号双人床	Queen-size Bed	2	1.8
特大号双人床	King-size Bed	2	2

饭店用床因没有统一的规定,各饭店可根据自己的客房空间面积来定,以上尺寸为常用尺寸,仅供参考。通常,床越宽越舒适,档次也就越高。随着住客对舒适度追求程度的提高,客房的床的尺寸趋向加宽加大,有些饭店客房的标准间所使用的单人床宽度尺寸接近1.4米,比普通双人床小不了多少。另外,考虑到美观、协调及便于服务员操作等因素,床的高度一般应在40~60cm之间。

(二) 特殊类型

上述几类床是绝大多数饭店都配备的基本类型的床,但在某些特色客房或特色饭店里还会配备一些特别的床,如沙发床(Sofa Bed)、隐壁床(Murphy Bed)、单双两便床(Hollywood-style)、水床(Water Bed)、天梦之床(Heavenly Bed)以及榻榻米、异形床等。

床的尺寸增大和越来越多的异形床的出现,给做床增加了难度。

项目三　走客房的清洁整理

项目介绍

对比各种房态的房间,通常走客房的清洁要求是最全面、最彻底的,其他房态的房间的清扫与走客房清扫类似或只是走客房清扫当中的若干环节,因此我们重点了解走客房的清洁程序就可以举一反三了。本项目主要掌握走客房的清洁整理。

导入案例

×月×日夜 9 时许,成都锦江宾馆客房部小吕在楼层值班时接到客房值班经理的电话:今天下午退房的 863 房客说她遗留了一枚翡翠戒指在房内……

小吕和服务员刘姐、小邓来到 863 房内。小邓简短描述了下午 863 房的退房情况和打扫卫生时的情况,说她当时并未发现有遗留的戒指。大家对可能会藏下一枚戒指的地方都一一搜索,行李柜后、抽屉内、卫生间的边边角角,甚至床下、床后全不放过,但哪里有戒指的影子呢?

正当大家准备放弃寻找时,服务中心来电话说客人想起当时她是将戒指包在一张卫生纸内的,可能随手将它扔到垃圾桶内也说不定。

来到垃圾房,小邓挽起袖子戴上手套,从垃圾中找到当天送来的那一袋垃圾。小吕和刘姐也弯下腰,一起拨弄起大袋中的一些小袋垃圾。三人将大垃圾袋中的垃圾一件件地摊开在地上,终于找回了客人丢失的戒指。

(资料来源:范运铭.客房服务与管理案例选析.北京:旅游教育出版社,2005.)

思考:清洁走客房比起清洁其他房态的客房需要特别注意哪些事项?

任务 1　卫生间清洁

一、任务描述

熟练掌握卫生间清洁程序,能独立完成卫生间清洁的任务。

二、任务分析

要能独立清洁卫生间,必须非常熟悉卫生间清洁的流程,清楚各环节注意事项,熟悉物品摆放的标准。

三、相关知识

清洁卫生间有"十字诀":开、收、冲、洗、擦、消、添、刷、吸、关,清洁的程序基本是按这十个字的顺序进行的:

(1)进入卫生间,打开换气扇,将清洁桶置于卫生间地面中央。

(2)放水冲净恭桶,在恭桶内喷上恭桶清洁剂,注意不能将清洁剂直接倒在釉面上。

(3)撤走用过的布件,包括体重秤的毛巾套、客人用过的浴衣,放入工作车上的布草袋内。

(4)撤出垃圾,放进工作车上的大垃圾袋中,换上干净垃圾袋。

(5)将烟灰缸、皂碟清洗后放回原处。

(6)擦洗面盆、浴缸、恭桶、地面所需使用的抹布皆应分别备好。如果抹布不洁,应先清洗干净放在一边待用。

(7)清洗面盆和梳妆台。在海绵上倒上适量清洁剂,擦洗面盆、梳妆台以及水龙头等金属器件,用清水冲净,用抹布擦干水迹,再擦亮金属器件。

(8)清洗浴缸。先关闭浴缸活塞,放少量热水和清洁剂在浴缸中,用浴缸刷清洗浴缸内外、墙壁、浴帘、金属器件,打开活塞,放掉污水,再用清水冲洗墙壁、浴缸,等水流尽后,用抹布把水迹擦干,不能留有任何污渍和水迹。

如果卫生间没有浴缸,只有淋浴设施,在清洁时,只要在海绵上倒适量清洁剂清洗淋浴喷头、水龙头、墙壁、地面等即可,再用清水冲净,抹布擦干。

(9)清洁恭桶。用恭桶刷刷洗恭桶内壁,放水冲洗干净,用专用抹布将恭桶外壁、盖板、垫圈以及水箱等抹净擦干。

(10)卫生间抹尘。准备好干、湿抹布,从卫生间门开始依次用半湿抹布擦拭卫生间门的内外、镜面、洗脸台四周瓷壁、电话副机、吹风机、体重秤等,再用干抹布将镜面、金属器件擦亮。

(11)将干净布件按规定方法折叠、摆放。面巾一般对折挂在面巾架上;浴巾折叠好齐口朝外放在浴巾架上;地巾对折,挂在浴缸沿上(无浴缸可不放);方巾可以折叠好放在梳妆台上。浴衣可挂在卫生间门背后或衣柜里。摆放时店标均应朝外。

(12)按标准补充卫生间各种低值易耗品,并按规定摆放整齐。卷纸放在卷纸架里,外露部分折叠成三角形,一般要求把消耗品正面(或有店名的一面)朝上或朝外,以方便客人使用,至于具体的摆放,各饭店都有相应的要求,应充分体现个性。

(13)清洁地面。用专用湿抹布从里到外,沿墙角平行擦净整个地面。

(14)检查有无遗漏之处。

(15)撤走清洁用具,关掉电灯和换气扇,将卫生间门虚掩。

四、任务准备

已经布置好的工作车;饭店卫生间或模拟客房卫生间。

五、任务实施

表2-9 任务实施表

序号	实施步骤	实施内容	要求
1	清除垃圾和脏布件	撤走脏布件,清走垃圾	检查清楚有无夹带客人物品;回收可利用物品
2	清洁面盆和浴缸	使用浴缸清洁剂依次清洁两大件	洗后擦干,不可使用客用毛巾
3	清洁浴室镜和五金件	由上至下清洁浴室镜和镀铬五金件	由上至下,洗后擦干
4	清洁恭桶	使用恭桶清洁剂进行清洁	里外清洁、消毒
5	清洁墙面、排风口和地面	从上至下,从里到外清洁	遵守清扫基本方法
6	补足客用品	按规定补足客用品	数量、位置准确

六、任务评价

表2-10　任务评价表

序号	评价内容	评价结果			
		优	良	合格	不合格
1	清除垃圾和脏布件				
2	清洁面盆和浴缸				
3	清洁浴室镜和五金件				
4	清洁恭桶				
5	清洁墙面、排风口和地面				
6	补足客用品				

七、拓展知识

敲门进房的程序

1.观察门外情况

进房前要注意客房门把手上有无挂着"请勿打扰"牌或反锁标志，房门侧面的墙上有无亮着"请勿打扰"指示灯。如有则不能敲门，而应轻轻地将工作车推走，离开此客房。

2.敲门

用食指或中指第二骨节敲门三下或按门铃，不要用手拍门或用钥匙敲门。敲门应有节奏，轻重适度。

3.等候

敲门后应等候客人反应3~5秒，同时站在门前适当位置眼望门镜，以方便房内客人观察。敲门后切勿立即开门，或连续敲门，也不能通过门镜向房门窥视。此时，若房内客人有回应，服务员应再通报，并征求客人意见。如客人明确表示不需要清扫客房，服务员应向客人道歉并轻轻离开此房，在清扫表上注明GRS（宾客拒绝服务）。如客人表示当时不能清扫，则可以询问客人，确定其要求及时间，在清扫日报表上注明，以免遗忘。如客人允许，则在房门口等候客人开门。

4.第二次敲门、等候

第一次敲门、等候时，若房内无动静，服务员应第二次敲门，并再次等候。操作要领与前面2和3所讲的程序相同。若此时房内有反应，处理方法与程序3相同。

5.开门

若房内仍无动静，服务员可以开门进房。开门时，应先将房门打开1/3，在房门上用手轻敲两下,同时通报,并注意观察房内情况,不要猛烈推门。若发现客人仍在睡觉,应马上退出,轻轻把门关上;若客人已醒但未起床或正在起床,应道歉后马上退出,不要解释,以免造成客人不便;若客人已经起床,则应询问客人是否可以清理客房,并按照客人的意见去做。

6. 进房

如客人不在房内或征得房内客人的允许后,服务员将房门敞开,在门把上挂上"正在清扫"标志牌,开始进行客房清扫或服务。

你知道吗?

在实际情况中,很多DND状况是属于误报的:客人没打算报DND,但在按床头柜的按钮时误按了;客人已经离开房间,忘记取消DND。除了要求服务员加强责任心时刻留意客人动态(事实上如果楼层不设台班,对客人动态的掌握并不能做到很周全)外,有些饭店还想到了一些硬件上的改进,协助识别DND。比方说,将DND的开关由床头柜位置移到入门通道侧面墙上,这样可以排除误报,而且客人外出时要取消DND也是举手之劳。国外还有配置红外线扫描仪的,轻而易举就能分辨出房间有没有住客逗留在内。

任务2 房间的清扫

一、任务描述

独立完成一间客房的清扫。

二、任务分析

要独立清扫一间客房而且质量、时间达标,需要非常熟悉客房清扫的程序,了解各步骤的注意事项,对房间物品摆放标准了如指掌。

三、相关知识

走客房的清扫顺序也可以用十字诀来总结:开、清、撤、做、擦、洗、查、添、吸、关、登。

1. 进房

(1) 按照进房的程序开门进房,将房门敞开,直到该客房清扫完毕。开门作业的目的有三:显示房间处于工作状态;利于房间通风换气;避免意外发生。

(2) 为方便服务员工作,方便走廊上其他客人行走,保护客人财物安全,应将房务工作车横放在客房门口,工作车开口朝向客房。调整好位置,用工作车堵住房门,但不要靠牢墙壁,以防撞坏墙面。一般留一人侧身能通过的距离即可。

(3) 调整空调开关。进房后先将空调开关关上,同时检查空调开关是否正常。也有的饭店因为采用全封闭空调系统,为了节约能源,一般不要求开窗,反而应打开空调开关,通过新风系统保持房内空气流通。

(4)拉开窗帘,打开窗户。每天清扫客房卫生时,应拉开窗帘、打开窗户,使房内光线充足、空气流通,拉窗帘时应检查帘子是否有脱钩或损坏现象。也有的饭店因其为高层建筑或使用落地大窗,为了客人安全,将窗户上锁,不要求开窗,一般通过空调新风系统保持房内空气流通,但房内有异味时除外。

(5)检查所有灯具。打开房间各种灯具的开关,检查灯具是否有故障,检查后随手将灯关上,只留卫生间灯。一旦发现灯具有损坏,应立即报修。

(6)观察房内情况。检查房内有无客人的遗留物品、客房设备用品有无丢失或损坏。如发现问题应及时报告管理人员。

2. 撤床

(1)拉床。服务员站在床尾,屈膝下蹲,用手将床架连床垫慢慢拉至容易整理的位置。

(2)撤被套。将羽绒被从被套开口处拉出,放置在圈椅上。注意被子不能掉在或放在地上。

(3)撤枕套。打开封口,双手执枕头套角,将枕芯抖出,或一手执枕头套角,一手轻轻地把枕头从枕套中拉出。同时检查枕下是否有客人的遗留物品,如有应及时处理;检查枕头外面,如有污渍则应单独放置,以做适当的去渍处理。

(4)撤床单。从床尾部位开始将床单从硬垫与软垫之间拉出,抖动几次,确认里面无衣物或其他物品。同时要注意床垫、床单有无破损、污渍等,若有,要单独放置,以便处理。

(5)撤走脏布件。按规定的程序将脏床单、枕套放入房务工作车上的布件袋内,带进相同数量的干净布件放在一边待用。在做床过程中,若房内有两张床,先撤一张床,将羽绒被、枕头放在圈椅上,脏布件可暂放在撤空的床角;撤另一张床时,将被子、枕芯等放在第一张床上,最后将棉织品全部一次性拿出去,并注意不要离自己的脸太近。

3. 整理器皿

(1)如果客人在房内用过餐,则先将房内的送餐车、餐具等移至指定地点,以便饭店送餐部的同事前来收取。

(2)将烟灰缸内的杂物倒入垃圾桶内;放入卫生间备洗。清理烟灰缸时必须检查烟蒂、火柴棍有无熄灭。如有,应熄灭后再倒。

(3)撤换脏的茶具、饮具、酒具,倒空热水瓶或电热水壶。把茶具、饮具、酒具放到工作车上的指定位置。

4. 收拾垃圾

将纸篓内的垃圾连同桌面、地面及其他地方收拾起的垃圾一起倒进房务工作车上的垃圾袋内,同时用抹布将纸篓里外擦拭干净,换上干净垃圾袋,将纸篓放置于写字台右下侧(或左下侧),距写字台边沿约10cm,距离墙壁25~30cm。如果纸篓较脏时,应先在卫生间洗净,然后用抹布擦干再放回原处。收集房内报纸、杂志,将其撤出房间,视情况作为垃圾或遗留物品处理。

5. 铺床

6. 清理卫生间

7. 房间抹尘及检查

(1)在九成干的抹布上喷家具清洁保养蜡,并把抹布轻揉几下以使蜡水均匀分布在抹布上,用于抹家具和物品,并带入一条干抹布,用于电视柜荧光屏和玻璃的清洁。

(2)按自上而下,从左到右,环形清扫的原则,先抹门铃和门框,注意在操作过程中要暗记所要补充的物品。同时,抹尘过程应顺带着检查物品、家具、电器的性能和完好性。

8.补充物品

补充房间和卫生间里替换下来的备品、消耗了的易耗品。既然是清洁走客房,只要客人用过的客房备品一律更换,包括杯具和布草;易耗品则视消耗的程度和饭店的规定决定是否更换,一般来说像六小件等易耗品会换掉,但面巾、卷纸等可视剩余量予以保留继续供下一位客人使用。物品摆放的位置也要按照饭店的标准执行。

9.房间和卫生间(吧房)吸尘

(1)房间地毯吸尘,先从窗台处云石地板开始,注意把吸尘器的耙头调整至毛刷凸出,以免磨花地板及损坏耙头。

(2)在房间地毯吸尘时,要注意统一方向,理顺地毯毛,不要忽视边角位及床底的吸尘。

(3)吸卫生间地板的毛发及尘粒,注意先把吸尘器的耙头调整至毛刷凸出,以免磨花地板及损坏耙头。

(4)完成吸尘后要注意电源线理顺绕好并摆放整齐。

10.环视一周自查

(1)喷空气清新剂,注意朝出风口向上喷洒。

(2)把窗纱拉合,并把中间两扇门向两边拉开。

(3)如住房要根据客人的习惯把放在房内的鞋子整齐地成双摆放,并把报纸、杂志整理摆放好。

(4)把空调调至规定的位置上,并环视一周,检查房间、卫生间的整理情况。

(5)关闭房间总开关,取下"正在清洁房间"挂牌并将房间轻轻锁上,在日报表上填写完成房间清洁的时间。

11.填写登记日报表

就是在客房清扫日报表上登记进离房的时间、做房的内容、补充客用品的名称及数量。一定要如实填写,因为日报表既是服务员的工作凭证,也是饭店进行用品控制的原始资料。

四、任务准备

配置好的工作车,尚未清洁的走客房或模拟走客房。

五、任务实施

表2-11 任务实施表

序号	实施步骤	实施内容	要求
1	进入房间	按规程进入房间	通报身份
2	开窗(帘)	打开窗或窗帘	检查窗帘导轨的顺滑度

续表

序号	实施步骤	实施内容	要求
3	巡视检查	检查完好情况、小酒吧消费情况和客人是否有遗留物	认真细致检查
4	清洁垃圾	收走房间内的垃圾	检查有无夹带
5	清理脏布件	收走脏布件	检查有无夹带
6	铺床	按程序铺床	按前述任务
7	擦尘	按环形路线对房间的家具、设施设备依次擦拭	边擦边查
8	清洁浴室	按程序清洗浴室	按前述任务
9	补充客用品	按数量和标准补充客用品	注意位置、数量合乎规格
10	吸尘	用吸尘器清洁地面	由里到外,顺毛吸
11	环视检查	检查有无漏项	熟悉房间物品摆放布局
12	登记日报表	登记进出时间和物品消耗情况	准确填写

六、任务评价

表 2-12　任务评价表

序号	评价内容	评价结果			
		优	良	合格	不合格
1	进入房间				
2	开窗(帘)				
3	巡视检查				
4	清洁垃圾				
5	清理脏布件				
6	铺床				
7	擦尘				
8	清洁浴室				
9	补充客用品				
10	吸尘				
11	环视检查				
12	登记日报表				

七、拓展知识

空房的清扫程序

（1）每天进房开窗、开空调进行通风换气。

（2）每天用干抹布除去家具、设备及物品上的浮灰。

（3）浴缸、面盆、恭桶每天要放水一两分钟。

（4）连续空着的客房，隔几天要用吸尘器吸尘一次。

（5）检查房间有无异常情况，卫生间五巾是否因干燥而失去弹性和柔软度。如果有不符合要求的情况，要在客人入住前换好。设施设备如果有故障，应及时报修。不能修复时，应及时通知前厅部。

你知道吗？

客房卫生间地漏与排水道结合部是一个倒"S"型的管道，可不要小看了这个管道的设置，它叫"存水弯"。有了这个存水弯，地漏与下水道就不是直线相通，而是稍有曲折，其作用是在其弯位内形成一定高度的水柱（一般高50~100mm），该部分存水高度称为水封高度，它能阻止排水管道内各种污染气体以及小虫进入室内。如果房间空置太久，使用间歇时间过长，存水弯长时期没有补充水，水封水面不断蒸发就会失去水封作用，这会造成臭气外逸，所以才需要每天进入空房打开水龙头放水；另外，在旧式的使用镀锌管作为输水管的情况下，长时间不用水也会导致水管生锈，一旦打开水龙头就会有浊黄色的锈水流出，既影响观感，又会在洁具表面形成污渍。

维修房的清扫程序

（1）服务员接到通知后，应立即到达指定客房。

（2）先检查维修的设备是否已完好。如果故障未排除，应马上报告领班进行登记，并再次报修。

（3）按正常清扫程序进行整理。

（4）整理完毕，应立即报告领班，以便通过检查后及时出租。

项目四　住客房的清扫

项目介绍

住客房是当天客人续住的房间，由于房间是"有主"的，所以在清扫住客房的过程中要尊重和保护客人的隐私，也正因如此给清扫工作带来了一定难度，比起清扫走客房有更多需要关注的细节。

导入案例

客房实习生小张每次清扫房间换床单时,为了省事总是把床上撤下的床单和被套迅速地揉成一团,直接扔进布草袋内。

一次,宾客厉先生退房后又回到饭店询问是否发现他房内床铺上有份文件,这份文件非常重要,厉先生很着急,要求一定要找到。房间是小张清扫的,但就是因为平时不注意,这一回也不能确定是否有文件夹在收走的床上用品里,所以只好在一大堆尚未清洗的棉织品里重新检查寻找,最后好不容易在脏布草堆里发现了厉先生的文件。虽然找回了失物,但厉先生还是很不满意,耽误了他的时间不说,他认为这文件也挺显眼的,为什么服务员就没注意到呢?

思考:住客房在清扫过程中需要特别注意什么细节?

任务1　住客房的日常清扫

一、任务描述

总结住客房的清扫与走客房的清扫有何区别。

二、任务分析

在熟练掌握走客房的清扫程序与方法后,住客房的清扫并没有根本性的差异,所以对住客房清扫我们主要需要掌握清扫时需注重的细节。

三、相关知识

(一)住客房清扫程序

走客房清扫一般是先撤床、清理卫生间,然后才铺床,这样可以让席梦思和羽绒被等留有一定时间透气,达到保养的目的;而住客房清扫一般要求先清理房间,再清理卫生间,这是因为住客可能回来,甚至带来访客。所以,应先将房间整理好,使房间外观整洁,给客人以舒适感。这时服务员再清理卫生间,也不会有互相干扰之嫌。

(二)清扫住客房应注重的细节

(1)每次进房都应按照服务规范进行,如房门挂有"请勿打扰"牌,应做好记录,待客人方便时再提供服务。

(2)清理房间时房门应该打开,调整工作车至房门口,并挂"请勿打扰"牌。

(3)若宾客在房间里,应微笑着问候"早上好,先生/女士",然后问对方要不要清理房间。

(4)检查所有设备,发现问题应及时报修。
(5)清理桶内的垃圾,并将其内外擦干净。
(6)将所有送餐服务的用具拿走,并通知服务中心。
(7)更换干净的咖啡杯、玻璃杯。
(8)更换干净的床单,并将所折叠好的宾客的睡袍和衣服摆在枕头角下。
(9)保持室内一尘不染,保持抽屉和衣柜的清洁。
(10)完成一天的清洁任务后,应做好客房清洁的收尾工作。将工作车清理并擦拭干净,对溅上清洁剂的地方应注意清除;抹布应洗干净并晾好备用;要将吸尘器里面的垃圾倒净,将缠住的毛发、线头等清理掉,以免影响吸尘效果,影响第二天的工作。

(三)清洁整理时尊重住店客人所注重的服务细节

(1)客人一旦进入房间,该客房就成为客人的私人空间。客房服务应以不干扰客人为准则。例行的客房大清扫工作,一般应在客人不在房间时进行,客人在房间时,必须征得客人同意后方可进行。
(2)注意做好客房正在清洁的标志。如客人在客房清洁整理时回房,会通过房门口的工作车"正在打扫"牌、房门打开等标志提示客人有服务人员在进行客房服务。
(3)尊重客人的生活习惯。客人的文件、书报等不要随便合上,不要移动位置,更不准翻看。不要触摸客人的手机、笔记本电脑、钱包、手表、照相机、计算器等贵重物品。女性用的化妆品即使用完了,也不得将之扔掉。
(4)如果客人在房内,除了必要的招呼和问候外,不应主动与客人闲谈。客人让座时,应婉言谢绝,不得影响住客的休息和在房内的其他活动。
(5)注意了解客人的习惯,保护客人的隐私,满足客人合理的要求,如应客人要求为其拍照留念。
(6)在清洁整理客房时,遇到客人回房,要主动向客人打招呼问好,并征求意见是否继续清扫。
(7)不得享用客房内的设备用品,不得在客房内休息。完成工作后应即时离开客房,不得在客房内滞留。
(8)不能让闲杂人员进入客房。如果客人中途回房,服务员也需礼貌地查验住宿凭证,核实身份。
(9)讲究职业道德,不得将客用布件作为清洁擦洗的用具。
(10)清扫过程中如不小心损坏客人的物品,应如实向主管反映,并主动向客人赔礼道歉,如属贵重物品,应有主管陪同前往。若客人要求赔偿,应根据具体情况,由客房部出面进行赔偿。
(11)不得使用或接听住客房内的电话,以免发生误会或引起不必要的麻烦。
(12)注意节约,保护环境。

四、任务准备

清扫服务方法与程序的文字资料。

五、任务实施

表2-13 任务实施表

序号	实施步骤	实施内容	要求
1	分析走客房与住客房清扫过程的细节差异	清扫住客房应注重的细节	
2	分析走客房与住客房服务过程的细节差异	清洁整理时尊重住店客人所注重的服务细节	

六、任务评价

表2-14 任务评价表

序号	评价内容	评价结果			
		优	良	合格	不合格
1	清扫住客房应注重的细节				
2	清洁整理时尊重住店客人所注重的服务细节				

七、拓展知识

客房部清洁卫生的新组织形式

客房楼层的服务员是三班倒轮班工作的,他们各自负责的工作内容就清洁卫生而言主要是这样分的:早班的服务员负责日常大扫除,中班服务员负责夜床服务,夜班服务员做计划卫生。现在饭店有些在尝试采用新的组织形式。

（一）小组客房清洁法

小组客房清洁法即安排两人为一个清洁小组,每天负责清洁整理20间到30间客房,客房服务员可以自由选择同事结对。在工作中两个人可以互相帮助、互相督促。这种业务组织形式有利于节约工作成本、减轻工作压力、活跃工作气氛、降低工作强度、减少工伤事故。比如现在客房中有些使用2m×2m的大床,两个人就较容易搬动和整理。两人同时做一间房,会使员工觉得安全。而且还可以变换工作,比如今天你打扫房间,我打扫卫生间;明天你打扫卫生间,我打扫房间,以促进对工作的兴趣。工作小组并不一定是固定不变的两个人,员工应有自我选择搭档的权利,以减少同事之间的冲突和矛盾。但是小组客房清洁法这种业务形式,目前在国内饭店中并不流行,并不是一种常规的作业方式。

（二）取消楼层主管

现在有一些饭店为了节约人力成本、激发客房服务员的工作积极性与主动性,开始取消楼层主管。楼层主管的主要工作职责为检查客房并及时更新房态。通过取消楼层主管而由客房服务员直接对自己工作负责的这种业务组织形式,一来可以使员工有权利参与制订自己的工作计划,有利于他们产生强烈的自主感;二来可以使员工有机会独立地开展工作,这有利于增强他们的工作热情;三是员工必须自己对工作质量做出评价,这激发了他们高度的工作责任感。总体来说,取消楼层主管的主要益处在于节省人工开支、提升员工素质、降低工作成本、加快工作效率。但是取消楼层主管也会给饭店的经营与管理带来一些负面的影响,比如客房清洁的质量得不到保证;前厅客房状况与实际客房状况容易出现不一致的情况,从而影响到对客服务的质量以及找不到合适的人对员工进行培训与指导,等等。

(三)业务外包

由于许多饭店的经营存在比较明显的淡旺季之分,如果客房的定员额过高会造成经营淡季时人手浪费,而如果定员额过低,又不足以应付旺季时高开房率带来的工作量。因此有饭店采取业务外包的方法,将客房部定员额确定为平季水平,在旺季需要人手时再将部分业务发包给社会公司承担,从而实现省钱、高效两不误。

任务 2　夜床服务

一、任务描述

独立完成夜床服务。

二、任务分析

夜床服务是针对住客提供的一项方便客人就寝和沐浴的服务项目,体现饭店对客人的关怀。要完成本项任务,需熟悉夜床服务的流程和方法。

三、相关知识

在星级评定标准中,夜床服务是三星级饭店的可选服务项目,是四、五星级饭店的必备项目。

开夜床操作程序及标准如下:

(1)中班开床之前准备好工作车以及看好早班的交接情况,补好干净的布草和物品。

(2)晚上6:30开始开床,由中班领班打印好房态送至楼层,并交代好特别事项及当日的VIP。

(3)进房先敲门,敲门二次,每次三下并报称服务员。

(4)按门铃,按铃时清晰地报称"服务员",等客人反应再用适当的报称,不要东张西望。

(5)听到客人有回音,服务员应说"我是客房服务员,请问我现在能进来帮您开夜床吗?"并等客人开门,如果房内没有反应,服务员才能用房卡打开门并同时报称"服务员"。

(6)在开门过程中,发现绿灯亮方可开启,开门时应轻轻推至门吸处为止。

(7)打开房门后把"正在清洁"牌挂在门的拉手上,轻轻摆放稳,然后巡视一遍房间,以确定房间是否有人或其他特殊情况。

(8)填写工作表开始开床的时间,认真填写,以确保原始准确性。

(9)给房间烧开水。

(10)先拉拢原窗帘,保证中间无缝隙并要有平整垂直的感觉。

(11)发现房间有用过的水杯,应抽换干净的杯具,有用过的烟灰缸就及时拿到吧房洗手盆里面清洗干净再放回原处。

(12)开夜床。将被子向后折成一个呈30度的三角形(也有折45度的做法),将枕头摆在床头中间,枕头要饱满,四角要坚挺。

(13)开完夜床后检查被套上是否有污迹,并将被套拉平。

(14)将电视遥控器摆放于床头柜开床的一边,并拿出宾客意见表,摆放在旁边。

(15)从床头柜里面拿出拖鞋,根据房态表的人数决定开几张床,如果是二张则拿二双成套,可摆放在与开床处一条直线上的地毯上。

(16)整理洗手间。将浴帘拉开一半,靠坐厕一边,将防滑垫放在浴缸里面,将地巾摆在淋浴间门口,将洗手间的马桶盖打开一层,保证上面无尿渍、水渍,从衣柜拿出浴袍挂在门后。

(17)如果有客用过三缸,则应用清洁剂冲洗干净,并换干净的布草,马桶用过则应用一条抹布抹,不要跟其他抹布混在一起,以确保卫生标准并补充其他物品。

(18)整理完洗手间后,巡视房间自我检查一遍是否有遗留清洁用品在房间,不要关灯。

(19)检查房间及卫生间的物品是否齐全,客人是否消耗酒水及小食,保证各种物品齐全,摆放整齐,床铺要平整、美观。

(20)用手轻轻把门关上,在报表上记下完成工作的时间。

四、任务准备

饭店住客房或模拟住客房。

五、任务实施

表2-15 任务实施表

序号	实施步骤	实施内容	要求
1	进入房间	按程序进房	通报身份
2	开灯拉窗帘	打开房间的灯,拉合窗帘	检查窗帘、灯具状况
3	房间整理	整理家具,收走垃圾	稍加整理
4	开夜床	按程序开夜床	开床,放置晚安致敬品
5	洗手间整理	按程序整理卫生间	区分已用及未用整理
6	离开房间	留床头灯、夜灯、走廊灯、浴室灯亮着,离开房间	留合适的灯

六、任务评价

表 2-16 任务评价表

序号	评价内容	评价结果			
		优	良	合格	不合格
1	进入房间				
2	开灯拉窗帘				
3	房间整理				
4	开夜床				
5	洗手间整理				
6	离开房间				

七、拓展知识

客房小整理

本项服务最开始只针对 VIP 房,后来逐渐普及到普通住客房。客房小整理,就是在每次客人外出后,如果房内不够清洁整齐,服务员就进行简单的收拾整理,使之恢复清洁整齐的状态。这种做法对于充分体现饭店客房服务工作的水准有着一定的积极意义,但也有一定的负面影响,主要是增加了劳动成本和物品的消耗。因此,并非所有饭店都必须这么做。

通常,客房的小整理主要包括下列内容:

(1)整理床铺。一般是客人用过的床重新整理好,不更换床单、枕套等床上用品。如果住客是特别重要的贵宾,或者床上用品脏了,才做更换。

(2)除尘除迹。将房内家具设备上的灰尘、污渍清除干净。

(3)清除垃圾。将房间的垃圾杂物清除干净。

(4)更换茶杯和烟灰缸。将用过的茶杯和烟灰缸撤出,换上干净的。

(5)整理卫生间。如果卫生间被用过,则进行简单的清洁整理,使之干净、整洁。一般不更换毛巾。

(6)添补消耗品。如果房内的客用消耗品已被用完,或者所剩不多,可能不够当天使用,则予以添补。

(7)调节空调。调节空调开关,使客房内保持理想的温湿度。

模块巩固

1. 服务员需加以留意,住客逃账的是哪些房态的客房?
2. 夜床服务和小整理服务如何做得既要让客人感受到饭店对其贴心关怀,又不至于让客人觉得不胜其扰?
3. 熟记各类房态的中、英文及英文缩写。
4. 小组清洁法到底可不可行?
5. 试述"请勿打扰"标志一直显示到下午2点后的处理方法。

模块三　客房楼层服务

从到达饭店的那一刻起，客人就开始享受饭店提供的各种服务，而对客房部员工来说，在客人抵达之前就开始了解客情、布置客房等准备工作。根据客人在饭店内停留和活动的规律，我们将客房楼层服务划分为客人抵店服务、客人住店服务和客人离店服务三个阶段，在三个项目中分别来学习客人抵店之际的工作、客人住店期间的对客服务项目以及客人离店时的服务工作。

学习目标

- 能在客人入住前做好迎客准备工作。
- 能为抵店客人提供热情、周到的接待服务。
- 能为住店客人提供各项常规服务。
- 能为即将离店或已经离店的客人提供服务。

项目一　客人抵店服务

项目介绍

客房楼层服务是从客人抵达酒店之时开始的，准确来说，在客人抵达之前就开始了，因此客房楼层服务的第一个环节就是客人抵店服务。在客人抵店之际，客房部楼层的工作可分为客人到店之前的迎客准备和客人到店之时的迎接工作。其中，迎客准备工作在客人有预订和无预订(Walk in)的情况下有所区别。

导入案例

某饭店客房服务中心服务员通过查询预抵客人名单发现即将有一位英国客人入住，这位英国客人曾经入住本饭店，客史档案中记载了这位英国客人的生活习惯和喜欢住的房型及使用的物品等。服务员仔细查看了客史档案，并与本部门同事、主管及前厅部同事确认了客人的有关情况，然后根据客人的生活习惯为客人准备了一厚一薄的枕头，足够的信封、信纸等物品。在客人进入房间后，这位服务员立即帮客人泡好了红茶，并且主动询问客人是否需要将被子换成毛毯。客人满意地对服务员说："你们的服务太周到了！"

思考：如何让客人在抵店时感受到温暖如家的服务？

任务1　迎客准备

一、任务描述

客房部服务员在客人入住前应做好迎客准备工作,掌握客人的基本情况,并根据客情布置好房间。请列举应掌握客情的几个方面和布置房间的几点要求。

表3-1　预抵客人基本情况表

预抵客人基本情况
1."七知"
（1）客人到店的时间：
（2）
（3）
（4）
（5）
（6）
（7）
2."四了解"
（1）
（2）
（3）
（4）

表3-2　房间布置要点列表

房间布置要点
（1）家具设备：
（2）
（3）
（4）

二、任务分析

对于已预订房间的客人,客房服务中心服务员在接到前台的预订房通知单后,应从各个方面了解客情,并根据客情对客房进行相应布置。对于直接入住的客人(Walk in),客房部应在客人进入房间时尽快做好相关准备工作。要完成此项任务,必须从各方面收集资料,例如查看预订房通知单、询问接待单位的人员、查看客史档案、向同事了解情况等。

三、相关知识

(一)客情掌握

掌握客情是迎客准备工作当中重要一环,客房服务中心服务员接到前台预订房通知单后,应了解客人的各种情况,以便及时为客人提供针对性的服务。客房部当班人员要做到"七知""四了解"。

七知:知道客人抵店的具体时间;知道客人国籍、人数和代表团的名称;知道代表团主要负责人的姓名、性别和身份;知道代表团的房间分配数量和具体房间号;知道客人的付款方式;知道其接待单位、接待标准;知道客人的宗教信仰和风俗习惯。

四了解:了解客人用餐地点和活动日程安排;了解客人的喜好、忌讳和生活习惯;了解客人的意见和要求;了解客人退房、离店的时间。

掌握客情的途径有以下几种:查看预订房通知单、入住通知单、询问接待单位负责人、查看客史档案、向本部门同事和前厅部同事了解情况等。

(二)客房布置和检查

对于有特别需要的客人,客房部服务员可根据客人的风俗习惯、生活特点调整家具设备的摆放方式,或适当调整文具等用品的数量,根据接待规格摆放鲜花、水果、总经理名片等。

图 3-1　客房布置

1.根据客史档案对客房进行布置

记住客人、满足客人的合理需求是饭店对客人的重视和尊重,把客人的生活习惯、喜好和使用的物品等,通过建立客史档案记录下来,并根据记录情况在客人入住前做好布置,为客人提供更细致周到的服务。

2. 根据客人要求对客房进行布置

客人在入住前可能向饭店提出要求,例如,为客人的结婚纪念日准备相关物品、为新婚夫妇布置蜜月房等。

3. 根据观察临时布置客房

客人在办理入住的时候,工作人员可从各个方面细心观察,发现客人的需求。例如,客人在前台办理入住登记时,前台接待员通过身份证号码发现今天是客人的生日,就立刻报告了大堂副理。在客人办理登记的过程中,饭店马上安排客房部服务员在客人入住的房间摆上鲜花和一张生日贺卡,给客人带来惊喜。

四、任务准备

(1) 客史档案;
(2) 前台给客房服务中心发出的预订房通知单;
(3) 布置客房所需相关物品。

五、任务实施

表 3-3　任务实施表

序号	实施步骤	实施内容	要求
1	掌握客情	通过查询客史档案或者查看预订房通知单掌握本任务中预抵客人的情况	信息全面、准确
2	准备资料和物品	按照客房布置的需要准备相关物品	准备充分、区分收费和免费物品
3	布置客房	根据本任务中所掌握的客情找出客房需要布置的几个要点	考虑周到、符合实际情况
4	检查客房	根据接待规格对客房的卫生、布置情况进行检查	细心、考虑周到

六、任务评价

表 3-4　任务评价表

序号	评价内容	评价结果			
		优	良	合格	不合格
1	掌握客情信息全面、准确				
2	资料准备充分、全面				

续表

序号	评价内容	评价结果			
		优	良	合格	不合格
3	客房布置考虑周到、符合实际情况				
4	检查客房细心、考虑周到				

七、拓展知识

OK 房不 OK

一辆进口大型豪华面包车在华北某一刚被评上三星级的新饭店门前停下。车上 50 余位德国客人鱼贯而下,大堂里接待员、行李员、保安员互相配合,客人很快便一一安排进了房间。

20 分钟后,大堂副理接到 612 房一位刚住下的老人打来的电话,投诉说洗手间马桶水箱里没水。大堂副理答应马上派人前去修理。不到 5 分钟,一位工程维修人员出现在 612 房间。他先代表饭店向客人道歉,接着便熟练地动起手来。一支烟的工夫,故障已全部排除,水箱里很快便注满了水。

大堂副理做出修理安排后又立即与客房部联系,了解该房的情况,后查明这是领班的责任:把非 OK 房报成了 OK 房。

这支德国团队早在两周前就在该饭店预订了房间,前厅部在前一天已做了安排。612 房原住着一对西班牙夫妇,今天中午前办了离店手续。早上服务员清扫过房间后,领班也按程序检查过了,但未发现抽水马桶水箱无水的问题,便报告说这间走客房一切正常。中午客人走后,前厅部又一次通知客房部,证实 612 房确为走客房,要求再检查一遍,岂知领班又把水箱给疏忽了。领班两次查房均未发现洗手间的问题,最后导致客人投诉,情况是严重的。事后,大堂副理赶到 612 房,再次郑重地向这位德国老人致歉,并要求客房部按程序再认真检查一遍所有客房,并把事情经过写进了当天的大事记录本中。

(资料来源:沈艳.客房服务实训教程.北京:科学出版社,2007.)

评析:饭店领班身兼服务员、指挥员和检查员数职,是饭店第一线管理者,责任非常重大。每天早上,客房部领班要安排服务员清扫房间。清扫完毕,领班要逐间检查。一般来说,每个房间的检查项目在 150~200 个,每个领班一天一般要检查六七十个房间,工作强度较大。

但是,不能因为领班工作繁忙、劳累便可以降低要求。本例中由于领班的疏忽给客人带来了不便,是作为一名基层管理人员不该有的,因为客人到达之前的准备工作是接待服务过程的第一环节,要求做到充分、周密和准确,并在客人到达饭店前完成,才能给客人留下较好的第一印象,并为整个楼层接待工作的顺利进行奠定良好的基础。

任务 2　迎接客人入住

一、任务描述

客人在前台登记入住后,由礼宾员帮客人把行李送到入住楼层,楼层服务员到电梯口迎接客人,引领客人到房间,并且为客人介绍饭店的服务项目和客房的设施设备,并奉上欢迎茶。若客人在前台登记加床,还需进行加床服务,并配齐相应的客用品。

二、任务分析

要完成迎接客人入住的服务,客房服务员首先要做到熟知饭店的服务项目和客房的设施设备使用方法,其次要完成任务 1 中对客情的掌握,然后做好迎客的个人仪容、仪表准备。

三、相关知识

(一)迎领宾客

(1)电梯铃响应迅速站在相应的位置上,双手交叉自然放于前方,面带笑容。

(2)客人出电梯后,服务员应面带微笑,主动问候客人,并做自我介绍。

(3)问清房号,并请客人出示房卡。

(4)若客人无人陪同,服务员还应主动征求客人意见,帮助客人提行李,迎接客人进房。

(5)在客人的侧前方 1 米处引领客人,途中可与客人适当交谈,介绍饭店服务情况并回答客人的提问。

(6)到房门口后,放下行李,用客用钥匙按程序将门打开。

(7)打开房门后,退到房门边,请客人先进入客房。但如果发现客房有不妥之处,应请客人稍等,立即与前厅部联系,以做调整。

(8)按客人意见将行李放在合适的位置。

(二)介绍设施设备

(1)在不影响客人休息、征得客人同意的情况下,向客人简单介绍房内设施设备及其使用方法。若客人是长住客,或面带倦意则可省去,但须告知其客房服务中心电话号码。

(2)根据客人的需要,简明扼要地向客人介绍饭店各种服务项目。客人也有可能向服务员询问感兴趣的服务项目,如是否有 SPA 等康体服务项目等,服务员须熟悉本饭店的服务项目,迅速为客人做出相关回答。

(三)欢迎礼遇

(1)了解客人的习俗,关注客人的需求,灵活掌握是否递送小毛巾和茶水。在提供小毛巾和茶水服务时特别注意讲究卫生,否则容易引起客人反感。

(2)问清客人是否有其他需求。

(3)祝客人居住愉快,面向客人退到房门,轻轻关上房门。做好相关记录。

四、任务准备

(1)职业装、仪表、仪容准备。

(2)任务1的相关知识准备。

(3)迎接客人的相关知识准备。

五、任务实施

表 3-5　任务实施表

序号	实施步骤	实施内容	要求
1	迎领宾客	到电梯口迎接客人、帮客人提行李	询问客人是否需要帮忙提行李
		引领客人到房间	走在客人的前方
		帮客人开门	请客人先进房
		根据客人要求放下行李	不自作主张
2	介绍设施设备	介绍房间的设施设备	语言得体、简明扼要
		介绍饭店的服务项目	细心观察、征求客人意见
3	欢迎礼遇	奉欢迎茶、小毛巾	讲究卫生

六、任务评价

表 3-6　任务评价表

序号	评价内容	评价结果			
		优	良	合格	不合格
1	热情迎宾,主动问好				
2	语言得体,简明扼要				
3	细心观察,征求客人意见				
4	讲究卫生				

七、拓展知识

加床服务

客人在登记入住的时候有可能要求在房间内加床,前台为客人办好登记手续后,将通知客房服务中心为客人进行加床服务。

(1)当服务中心收到前台加床通知后,尽快通知楼层服务员。若客人来电要求加床时,问清客人房号、姓名、加床天数后,先请客人稍等,然后迅速致电前台询问该房间加床是否可以挂房账;如果可挂房账,则要前台入账,再立即通知楼层服务员加床。如果不能挂账,应礼貌地请客人到前台办理相关手续。

(2)若客人直接向楼层服务员提出加床服务要求,服务员也应与前台确认入账事宜后,再进行加床。

(3)楼层客房领班及服务员同时在工作表上对加床的房间做好记录。

(4)服务员收到加床指令后,应准备床上用品和低值易耗品一份,及时补充到位。在加床时,若客人在房内,应主动征询客人意见,按客人要求摆放。

(5)加床服务的通常做法是晚上加床,白天为增加起居空间,可撤除加床,但如果客人有要求,也可保留在客房内,以方便客人白天休息。

有时候客房会出现加人现象。加人是指房间超出正常人数而又要求加床上用品(棉被等)时,须请示值班经理处理。如以加人处理,服务中心通知前台按加床费用计,叫楼层加入床上用品和客需易耗品各一套。

项目二　客人住店服务

项目介绍

客人在饭店入住期间会产生各种各样的需求,例如洗衣、会客、借用物品等,而能否提供这些服务、服务质量的优劣则体现了饭店的服务水平和档次,关系到饭店的声誉。因此,饭店服务项目根据饭店星级的高低有不同的要求,客房部应按照正确程序为住店客人提供相应的服务。

导入案例

早上6:40,房务中心电话铃响了起来,夜班服务员小余迅速拿起听筒。打电话来的是1616房的卢太太,她说她需要一副牙具。于是小余迅速地取了牙具来到了1616房。

"您好!我是楼层服务员。"小余轻轻地敲了敲门,开门的正是卢太太。卢太太一见到是位小姑娘,脸上露出既高兴又犹豫的表情。小余看到卢太太的表情,便询问道:"卢太太,请问还有什么其他可以帮您的吗?"卢太太不好意思地说:"我的手受伤了,你可以帮我梳头吗?"这时小余才发现客人的手不太灵活,并且还闻到了房间里有一股药味。她说:"好的,卢太太!我先去取梳子,稍后过来,您看可以吗?"看到卢太太松了一口气,小余放下心来。

不一会儿,小余带着两把梳子回到了1616房间。"卢太太,刚才我观察到您的头发做过卷发,所以帮您准备了两把梳子,一把是卷发梳,另一把是普通的梳子,都已做过消毒处理,请您放心!"卢太太惊喜地说道:"谢谢你!姑娘,你可真细心。"小余建议先用卷发梳将头发理顺,再用普通梳将头发弄整齐扎起来,卢太太开心地说道:"好的,你决定就好!"

在梳头发的时候,小余感觉卢太太的头发很松软,怕弄疼她,就很轻缓地慢慢梳。小余边帮卢太太梳头,边和她拉起家常。原来卢太太是通过朋友介绍才选择来句容开元大饭店度假的。出门前,卢太太心里很激动,想着在这初夏的季节里看看茅山的风景,品一杯茅山茶,一定非常惬意。但后来一不小心烫伤了手,不方便梳头。如果不梳头,披头散发地出去多难看啊!正在为难的时候,女儿临行前的一句话提醒了她:"妈,这两年每次旅游您都因为担心中途会出现麻烦所以放弃了。其实这个您不用担心,到时候打个电话请饭店服务员帮忙就可以了。"于是,这才有了文章开始的那一通"求助电话"。

在聊天的过程中,小余得知卢太太用的是自带的洗发水,就向卢太太介绍了饭店绿色系列的洗浴用品,建议客人一试,卢太太欣然答应:"你们饭店很关注环保事业,我一定会支持的。"

"卢太太,头发梳好了,您照镜子看看是否满意?"小余帮卢太太梳好了头发问。"嗯。"卢太太高兴地看着镜中的自己,仔细端详,"很好,很服帖!"看到客人很满意,小余自己也打心眼里高兴。

(资料来源:《饭店世界》2013年第1期)

思考:饭店应该为住店的客人提供哪些服务?在服务过程中应该注意什么?

任务1 小酒吧服务

一、任务描述

为住店客人提供小酒吧服务,按饭店规定领取、清点、补充酒水,并及时将消费情况入账。

二、任务分析

小酒吧服务的关键在于管理程序,完成此项任务必须了解小酒吧服务的程序和要求,做到仔细检查、正确核对、及时补充、及时入账。

三、相关知识

(一)客房服务项目的设立

我国2010年发布的《旅游饭店星级的划分与评定》(GB/T 14308—2010)的《附录A-必

备项目检查表》中规定了各星级应具备的硬件设施和服务项目,其中客房必备的对客服务项目如表3-7所示。

表3-7 对客服务必备项目表

星级	服务项目
三星级	1.应提供留言和叫醒服务。可应宾客要求提供洗衣服务
	2.客房内应24小时提供热饮用水,免费提供茶叶或咖啡
	3.应提供早、中、晚餐服务
	4.应提供与饭店接待能力相适应的宴会或会议服务
	5.应为残障人士提供必要的服务
四星级	1.应提供开夜床服务,放置晚安致意品
	2.应提供客房微型酒吧服务,至少50%的房间配备小冰箱,提供适量酒和饮料,并备有饮用器具和价目单。免费提供茶叶或咖啡。提供冷热饮用水,可应宾客要求提供冰块
	3.应提供客衣干洗、湿洗、熨烫服务,可在24小时内交还宾客,可提供加急服务
	4.应18小时提供送餐服务。有送餐菜单和饮料单,送餐菜式品种不少于8种,饮料品种不少于4种,甜食品种不少于4种,有可挂置门外的送餐牌
	5.应提供留言及叫醒服务
	6.应提供宾客在房间会客服务,可应宾客要求及时提供加椅和茶水服务
	7.客房内应备有擦鞋用具,并提供擦鞋服务
五星级	1.应提供开夜床服务,夜床服务效果良好
	2.应提供客房微型酒吧(包括小冰箱)服务,配置适量与住店宾客相适应的酒和饮料,备有饮用器具和价目单。免费提供茶叶或咖啡。提供冷热饮用水,可应宾客要求提供冰块
	3.应提供客衣干洗、湿洗、熨烫服务,可在24小时内交还宾客,可提供加急服务
	4.应24小时提供送餐服务。有送餐菜单和饮料单,送餐菜式品种不少于8种,饮料品种不少于4种,甜食品种不少于4种,有可挂置门外的送餐牌,送餐车应有保温设备
	5.应提供自动和人工叫醒、留言及语音信箱服务,服务效果良好
	6.应提供宾客在房间会客服务,应宾客的要求及时提供加椅和茶水服务
	7.客房内应备有擦鞋用具,并提供擦鞋服务

（二）小酒吧服务

《旅游饭店星级的划分与评定》（GB/T 14308—2010）中规定四星级以上的饭店客房内应提供微型酒吧（包括小冰箱）服务，我们称为"小酒吧"服务。小酒吧应配置适量与住店宾客相适应的酒和饮料，并备有饮用器具和价目单，某些饭店还配上一些小食品，如巧克力、干果等。小酒吧通常免费提供茶叶或咖啡、冷热饮用水，并可应宾客要求提供冰块。

图 3-2　小酒吧配置

1. 小酒吧服务程序

饭店根据自己的实际情况建立小酒吧的管理制度，有的饭店设专职的酒水员，负责酒水的清点、送单、领取、补充、报损等工作，有些饭店则由客房服务中心领班或服务员完成此项工作。

（1）摆放酒水。熟悉小酒吧酒水及小食品的摆放品种、数量及摆放标准。

（2）清点核对。客房服务员每日定时清点酒水和食品，查看客人填写的"客房小酒吧点算单"（见表 3-8），核对数量是否相符，是否有填上日期、时间、房号、金额、品种等，若客人没有填写则根据实际清点情况替客人填写。

（3）记账。核对酒水单上客人的签名后，将"客房小酒吧点算单"第一二联送前台收银处记账，第三联留存客房服务中心。在客人退房时应立即通知收银员"房号"及"金额"。

（4）补充酒水。每日在规定时间统计楼层酒水消耗情况，并填写"小酒吧日消耗单"（见表 3-9）。凭"客房小酒吧点算单"第三联从仓库领取消耗的酒水和食品，并及时补充入房，做好记录。

表 3-8 客房小酒吧点算单
MINI-BAR CHARGE VOUCHER

Upon checking out, please indicate on this form all of the MINI BAR products you have consumed and hand it to Front Office Cashier.
Thank you.

在您离店之前,请在此注明您在小酒吧所用过的饮品并将此单送前台收款处。
谢谢!

Stock 存量	Checker 核对员	Date 日期	Time 时间	Consumed 消费	Unite Price 单位	Amount 金额
Spirits/Wine						
2	Cognac V S O P		白兰地			¥ 48.00
2	Scotch Whisky		威士忌			¥ 48.00
2	Vodka		伏特加			¥ 48.00
2	Gin		金 酒			¥ 48.00
Beers/Mineral Water/Soft Drink						
2	Local Beer		本地啤酒			¥ 28.00
2	Imported Beer		进口啤酒			¥ 28.00
2	Local Mineral Water		本地矿泉水			¥ 18.00
2	Imported Mineral Water		进口矿泉水			¥ 18.00
2	Coke		可乐			¥ 18.00
2	Sprite		雪碧			¥ 18.00
2	Coconut Juice		椰汁			¥ 18.00
2	Orange Juice		鲜橙汁			¥ 18.00
1	Sode Water		苏打水			¥ 18.00
1	Tonic Water		汤力水			¥ 18.00
Snacks						
2	Nuts		果仁			¥ 18.00
2	Potato Chips		薯片			¥ 18.00
1	Dried Coconut		椰子丝			¥ 18.00
1	Chocolate		巧克力			¥ 18.00
1	Biscuits		饼干			¥ 18.00
Total:						
Room No. 房间号	Guest Name(Please Print)客人姓名(请用正楷)				Signature 签名	

表3-9 小酒吧日消耗单

领班_____ 楼层_____

	粒粒橙	青岛啤酒	矿泉水	贝克啤酒	欧卡咖啡	八宝粥	椰子汁	红牌威士忌	白兰地	可口可乐	黑牌威士忌	进口矿泉水	番茄汁	雪碧	杏仁露
01															
02															
03															
04															
05															
06															
07															
08															
上午															
下午															
小计															

2.注意事项

(1)小酒吧的酒水要按规定进行配备,补充酒水入房时应检查有效期,防止摆放过期酒水。

(2)清点小酒吧酒水时要仔细认真、逐一核对,防止客人"偷梁换柱"。若发现此种情况应及时通知领班并填写报告单进行报损。

(3)因特殊情况不能及时补充酒水时,要与同事做好交接。

(4)在客人离店结账时,服务员应迅速进入房间检查酒水消耗情况,如有饮用及时通知收银处。

四、任务准备

(1)酒水消费单;

(2)酒水、小食品若干。

五、任务实施

表 3-10　任务实施表

序号	实施步骤	实施内容	要求
1	摆放酒水	摆放酒水和食品	熟知摆放品种及数量、摆放标准
2	清点核对	清点酒水和食品、核对酒水单	每日定时清点,核准酒水单上日期、时间、房号、金额、品种及数量等
3	记账	核对客人签名；将酒水单第一二联送前台记账；将酒水单第三联留存客房部	及时将酒水单第一二联送往前台记账；第三联由客房部留存,用于从仓库领出消耗的酒水和食品
			在客人退房时立即通知收银员"房号"及"金额"
4	补充酒水	补充酒水和食品	及时补齐酒水和食品,将楼层备用酒水补充入房,并做好记录

六、任务评价

表 3-11　任务评价表

序号	评价内容	评价结果			
		优	良	合格	不合格
1	熟知酒水和食品的摆放品种、数量及标准				
2	会进行日常的清点、酒水单的核对				
3	能及时将酒水单送往前台记账				
4	能按程序凭酒水单到仓库领取酒水和食品				
5	能及时补充酒水和食品				

七、拓展知识

(一)团房锁吧

在饭店销售旺季尤其是旅游团队较多的时候,饭店通常会把团队房的小酒吧锁上(锁吧,Lock Bar),或撤出小酒吧的所有收费物品。团队客人退房时间比较集中,在短时间内客房部服务员需要清点、核对所有团队用房的酒水消费情况并通知前台收银处,通常容易发生漏查或数目不相符的情况,给饭店带来损失。有的饭店认为团队客人有小酒吧消费需求的较少,因此通常在客人提出要求时先收取保证金,再为客人恢复小酒吧的酒水供应。

(二)送餐服务

客房送餐服务(Room Service)是指应客人的要求将客人所点之餐饮送到客房的一种餐饮服务。常见的房内用餐有早餐、便饭、病号饭和晚餐等项目,其中以早餐最为常见。

提供送餐服务时,饭店要设计专门的送餐服务餐牌,摆放在床头柜或写字台上,上面标明送餐服务电话号码。另外,提供送餐服务,通知收取20%~30%的服务费。

房内用餐可以用托盘提供,也可以用餐车送上。送餐方式大致有两种,在大型饭店里,这项服务是由餐饮部负责;在另一些饭店,送餐则由餐厅服务员送到楼层,再由楼层服务员送进客房,采用这种服务方式的饭店,要求客房服务员必须熟悉菜单,并掌握一定的餐厅服务技能。

服务程序:

(1)当客人要求在客房用餐时,及时联系餐饮部准备食品。

(2)协助餐饮部送餐员工将食品送至客房内摆好,放好小方巾和纸巾。

(3)与餐饮部员工在交班本上记录好餐具数量及送餐时间。

(4)客人在房间用餐后,会将餐具放在房间,或直接放于楼层服务台或走廊;服务员在清洁房间时首先应将送餐服务所用的餐具送到服务间。

(5)清洁完毕后打电话通知餐饮部来取餐具。

(6)楼层服务员和餐厅服务员对每一套餐具做好交接,并核对数量,撤出餐具后,如数交给送餐的服务员。

(资料来源:朱小彤.酒店客房服务.广州:中山大学出版社,2010.)

任务2 洗衣服务

一、任务描述

为住店客人提供洗衣服务。按工作程序收取客人的衣物,将客衣转交洗衣房,并将洗衣房交还的客衣送还给客人。

二、任务分析

要完成洗衣服务,首先要弄清楚洗衣服务的程序,在收取客衣、送洗客衣、送还客衣时注意每个环节的操作要领,避免疏漏,以免发生衣物赔偿纠纷。

三、相关知识

洗衣服务是高星级饭店客房服务中非常重要的服务项目,优质的洗衣服务是饭店服务水平与管理水平的重要体现。洗衣服务分为水洗、干洗和熨烫三种,时间上有普通服务和快洗服务两种,快洗服务通常会加收50%的服务费。客房服务员在工作中要认真、细致,否则容易发生客衣丢失、损坏及差错,引起客人投诉。

(一)洗衣程序

1.客衣收取

(1)上门收衣。客人希望饭店提供洗衣服务的时候,有可能直接打电话到总台询问,总台再通知客房服务中心上门收取客衣。电话接收客衣是国际上大部分饭店的通行做法,服务员在电话中往往需提醒客人填写洗衣单,同时应迅速前往客人房间收取客衣。客人也有可能按照客房中洗衣服务的提示,将要洗的衣物和填好的洗衣单放进洗衣袋(见图3-3),留在床上或挂在门把手上,待客房服务员在规定时间来取。为避免延误洗衣时间,一般饭店规定在上午9点或10点巡查一下可能有洗衣的房间,及时收取客衣。

图3-3 洗衣袋

(2)检查客衣。在收取客衣的时候应做到:仔细清点衣物的件数,包括衣服附带的小挂件等;确认衣物颜色、类型、破损情况;检查口袋有无遗留物品;检查衣物有无严重污渍。

(3)核对洗衣单(见图3-4、图3-5)。根据洗衣服务的程序规定,客人未填洗衣单的暂不予送洗,这一点通常在洗衣单上注明。服务员首先应检查洗衣袋内是否有洗衣单,若客人已填单,服务员应检查洗衣单上的房号是否正确,在检查客衣的同时应核对洗衣单的填写情况是否与衣服的实际情况相符,发现不一致的地方应及时向客人说明,并让客人补填或重新填写。如果客人不愿填单,服务员应当面跟客人说明检查衣服的情况及洗衣的要求,代填洗衣单并请客人确认签名。

干洗熨衣单
DRY CLEANING & PRESSING LIST

N⁰ 0001711

姓名 NAME: _____
房号 ROOM NO: _____
日期 DATE: _____
衣物件数 TOTAL PIECES: _____

	请作标记 PLEASE TICK
☐ 普通服务 REGULAR SERVICE 衣物于中午十一时前收取,将于即日送回。 GARMENTS COLLECTED BEFORE 11:00AM WILL BE RETURNED ON THE SAME DAY. 衣物于早上十一时后收取,将于第二天晚上送回。 GARMENTS COLLECTED AFTER 11:00AM WILL BE RETURNED AT THE NEXT EVENING.	☐ 快洗服务(加50%) EXPRESS SERVICE (50% ADDITIONAL CHARGE) 4小时送回衣物,最后时间为下午6时 GARMENTS RETURNED WITHIN 4 HOURS. LATEST COLLECTION 6:00 PM

- ☐ 衣物挂架 RETURN SHIRT ON HANGER
- ☐ 衣物摺起 RETURN SHIRT FOLDED
- ☐ 缝补 MENDING

数量 COUNT		男仕 GENTLEMEN	单价 人民币 PRICE RMB	小计 TOTAL RMB	数量 COUNT		女仕 LADIES	单价 人民币 PRICE RMB	小计 TOTAL RMB
客人 GUEST	酒店 HOTEL				客人 GUEST	酒店 HOTEL			
		西装一套(三件) SUIT (3PCS.)	78.00				晚礼服 EVENING DRESS	70.00	
		西装一套(二件) SUIT (2PCS.)	62.00				套装(二件) SUIT (2PCS)	60.00	
		短外衣 JACKET	42.00				大褛 OVERCOAT	58.00	
		西装 SUIT	42.00				衫裙 DRESS	54.00	
		西裤 TROUSERS	34.00				短裙 SKIRT	40.00	
		大褛 OVERCOAT	60.00				百折裙 SKIRT (FULL-PLEATED)	64.00	
		丝质恤衫 SILK BLOUSE	36.00				西裤 SLACKS	30.00	
		羊毛衣 SWEATER/PULLOVER	36.00				羊毛衣 SWEATER/PULLOVER	36.00	
		领呔 TIE	22.00				丝质恤衫 SILK BLOUSE	36.00	
							恤衫 BLOUSE	28.00	
							短外衣 JACKET	31.00	
净烫 PRESSING									
		西装一套(三件) SUIT (3PCS.)	46.00				晚礼服 EVENING DRESS	46.00	
		西装一套(二件) SUIT (2PCS.)	36.00				套装(二件) SUIT (2PCS)	38.00	
		短外衣 JACKET	26.00				大褛 OVERCOAT	36.00	
		礼服 TUXEDO	40.00				衫裙 DRESS	30.00	
		西装 SUIT	26.00				短裙 SKIRT	26.00	
		西裤 TROUSERS	19.00				百折裙 SKIRT (FULL-PLEATED)	43.00	
		大褛 OVERCOAT	36.00				西裤 SLACKS	19.00	
		丝质恤衫 SILK BLOUSE	22.00				羊毛衣 SWEATER/PULLOVER	22.00	
		羊毛衣 SWEATER/PULLOVER	22.00				丝质恤衫 SILK BLOUSE	22.00	
		领呔 TIE	14.00				恤衫 BLOUSE	18.00	

第一联:洗衣房(白)
第二联:客人(黄)
第三联:收银(红)
第四联:财务(绿)

注意:交来衣物,如有缩水、褪色、钮及扣之损坏、任何物件遗漏袋中,本酒店概不负责。若遇有遗失或毁坏时,本酒店最高合理赔偿是清洗价钱的十倍,有关衣物数量以本酒店洗衣部点收为准。任何有关洗后衣物之投诉,须于二十四小时内提出,逾时恕不受理。

NOTE: The hotel will not be held responsible for shrinkage, discoloration, loss of buttons and buckles, anything left in pockets of garments. In case of damage or loss, the hotel will be liable for not more than ten times the cleaning charge. The hotel count of articles will only be accepted, unless the list is detailed. Any claim concerning the finished garments must be filed within 24 hours as complaints will not be entertained later.

基本费 BASIC CHARGE	¥
快洗加收50% 50% EXPRESS SERVICE	¥
加服务费15% 15% SERVICE CHARGE	¥
总金额 GRAND TOTAL	¥

客人签署:
GUEST SIGNATURE: _____

图 3-4 干洗熨衣单

湿洗衣单
LAUNDRY LIST

№ 0011536

姓名 NAME: _____

房号 ROOM NO: _____

日期 DATE: _____

衣物件数 TOTAL PIECES: _____

☐ 普通服务 REGULAR SERVICE
衣物于中午十一时前收取,将于即日送回。
GARMENTS COLLECTED BEFORE 11:00AM WILL BE RETURNED ON THE SAME DAY.
衣物于早上十一时后收取,将于第二天晚上送回。
GARMENTS COLLECTED AFTER 11:00AM WILL BE RETURNED AT THE NEXT EVENING.

☐ 快洗服务(加50%) EXPRESS SERVICE (50% ADDITIONAL CHARGE)
4小时送回衣物,最后时间为下午6时
GARMENTS RETURNED WITHIN 4 HOURS, LATEST COLLECTION 6:00 PM

请作标记 PLEASE TICK

☐ 衣物挂架 RETURN SHIRT ON HANGER
☐ 衣物摺起 RETURN SHIRT FOLDED
☐ 缝补 MENDING

数量 COUNT		男仕 GENTLEMEN		单价 人民币 PRICE RMB	小计 TOTAL RMB	数量 COUNT		女仕 LADIES		单价 人民币 PRICE RMB	小计 TOTAL RMB
客人 GUEST	酒店 HOTEL					客人 GUEST	酒店 HOTEL				
		礼服恤	DRESS SHIRT	36.00				棉衣衫裙	COTTON DRESS	42.00	
		运动衣	SPORT SHIRT	30.00				外衣	JACKET	36.00	
		恤衫	NORMAL SHIRT	34.00				牛仔/西裤	JEANS/TROUSERS	28.00	
		T恤	T.SHIRT	26.00				恤衫	BLOUSE	34.00	
		棉质短外衣	COTTON JACKET	42.00				长西裙	SKIRT(LONG SARONG)	40.00	
		牛仔/西裤	JEANS/TROUSERS	28.00				短裙	SKIRT	30.00	
		短西裤	SHORTS	24.00				丝袜	STOCKINGS	12.00	
		睡衣一套	PYJAMAS(2PCS)	34.00				手帕	HANDKERCHIEF	7.00	
		晨褛	NIGHT GOWN	30.00				睡衣一套	PYJAMAS(2PCS)	34.00	
		工人衫裤	OVERALL	36.00				晨褛	NIGHT GOWN	30.00	
		运动服一套	SPORTS OUTFIT(2PCS)	43.00				泳衣	SWIM SUIT	22.00	
		内衣	UNDERSHIRT	12.00				胸围	BRASSIERES	14.00	
		内裤	UNDERPANT	12.00				内裤	PANTIES	12.00	
		短袜	SOCKS(PR.)	10.00				运动套装	TRACK-SUIT(2PCS)	43.00	
		手帕	HANDKERCHIEF	7.00				短装外套	JACKET/COAT	48.00	

第一联:洗衣房(白) 第二联:客人(黄) 第三联:收银(红) 第四联:财务(绿)

注意:交来衣物,如有缩水、褪色、钮及扣之损坏、任何物件遗漏袋中,本酒店概不负责。若遇有遗失或毁坏时,本酒店最高合理赔偿是清洗价钱的十倍,有关衣物数量以本酒店洗衣部收为准。任何有关洗后衣物之投诉,须于二十四小时内提出,逾时恕不受理。

NOTE: The hotel will not be held responsible for shrinkage, discoloration, loss of buttons and buckles, anything left in pockets of garments. In case of damage or loss, the hotel will be liable for not more than ten times the cleaning charge. The hotel count of articles will only be accepted, unless the list is detailed. Any claim concerning the finished garments must be filed within 24 hours as complaints will not be entertained later.

基本费	BASIC CHARGE	¥
快洗加收50%	50% EXPRESS SERVICE	¥
加服务费15%	15% SERVICE CHARGE	¥
总金额	GRAND TOTAL	¥

客人签署:
GUEST SIGNATURE: _____

205020030 L&V-30000/01-09

图 3-5 湿洗衣单

2. 客衣送洗

客房服务中心的服务员接收客衣后,应将所有送洗衣物记录在"客衣收取记录表"上,并立即通知洗衣房前来收取客衣,并按规定与洗衣房收发员进行交接。

3. 客衣送还

(1)接收洗衣。接收洗衣房送交的客衣时,要清点好客衣的总份数、件数是否准确,是否与洗衣单上的数量一致;检查衣服的各种挂件是否齐全;发现客衣短缺、损坏时应立即向洗衣部人员提出。

(2)送交客人。将客衣送至正确的房间,向客人讲明件数、金额,并请客人当面点清。如有丢失或损坏,要如实向客人讲明,并将处理意见转告客人。如客人不同意饭店提出的方案,及时与洗衣部联系。

(3)入账。将客衣送还给每一位客人后,都应该核算好洗衣金额,及时做好底单的处理,每日及时将洗衣单报送前厅部收银处入账。

(二)洗衣纠纷处理

1. 纠纷原因分析

当客人提出投诉,引起客衣纠纷时,主管要正确分析纠纷原因。在客衣服务过程中,容易引起客衣纠纷的原因主要有:客衣丢失,衣物破损,污迹未洗净,纽扣丢失,客衣染色、褪色等。处理客衣纠纷,要查明具体原因,以便有针对性地处理。

2. 客衣纠纷处理

发生客衣纠纷,同客人接触,听取客人意见时要主动、诚恳、有耐心。仔细检查洗后的客衣,了解客人的要求,在查清原因、掌握事实的基础上区别不同情况处理。凡属客衣洗涤过程中由饭店方面的原因引起的客衣丢失、洗坏染色及熨烫质量差等客衣纠纷,应主动承担责任,该赔偿的赔偿,该修补的修补,该回洗的回洗,该回烫的回烫。若需赔偿,赔偿费用最高不超过洗衣费的15倍,具体数目双方根据具体情况协商解决。

凡属客人或客人衣物本身原因引起的洗坏、口袋物品丢失、污迹洗不掉等客衣纠纷,饭店不负赔偿责任,但应耐心解释。在客衣纠纷处理过程中要做到友好协商、事实清楚、原因明确、处理得当,使客人比较满意。

【案例】

<h3 style="text-align:center">干洗还是湿洗?</h3>

江苏省某市一家饭店住着某台湾公司的一批长住客。那天一位台湾客人的一件名贵西装弄脏了,需要清洗,当见服务员小江进房送开水时,便招呼她说:"小姐,我要洗这件西装,请帮我填一张洗衣单。"小江想客人也许是累了,就爽快地答应了,随即按她所领会的客人的意思帮客人在洗衣单湿洗一栏中填上,然后将西装和单子送进洗衣房。接手的洗衣工恰恰是刚进洗衣房工作不久的新员工,她毫不犹豫地按单上的要求对这件名贵西装进行了湿洗,不料结果在口袋盖背面造成了一点破损。

台湾客人收到西装发现有破损,十分恼火,责备小江说:"这件西装价值4万日元,理应干洗,为何湿洗?"小江连忙解释说:"先生真对不起,不过,我是照您交代填写湿洗的,没想到会……"客人更加气愤,打断她的话说:"我明明告诉你要干洗,怎么硬说我要湿洗呢?"小江感到很委屈,不由分辨说:"先生,实在抱歉,可我确实……"客人气愤之极,抢过话头,大声嚷道:"这真不讲理,我要向你上司投诉!"

客房部曹经理接到台湾客人投诉——要求赔偿西装价格的一半2万日元。他吃了一惊,立刻找小江了解事情原委,但究竟是交代干洗还是湿洗,双方各执一词,无法查证。曹经理十分为难,他感到问题的严重性,便向主持饭店工作的蒋副总经理作了汇报。蒋副总经理也感到事情十分棘手,召集饭店领导作了反复研究。考虑到这家台湾公司在饭店有一批长住客,尽管客人索取的赔款大大超出了饭店规定的赔偿标准,但为了彻底平息这场风波,稳住这批长住客,最后他们还是接受了客人过分的要求,赔偿2万日元,并留下了这套西装。

(资料来源:范运铭.客房服务与管理案例选析.北京:旅游教育出版社,2005.)

评析:本案例中将名贵衣服干洗错作湿洗处理引起的赔偿纠纷,虽然起因于客房服务员代填洗衣单,造成责任纠缠不清,但主要责任仍在宾馆方面。

第一,客房服务员不应接受替客人代写的要求,而应婉转地加以拒绝。在为客人服务的过程中严格执行饭店的规章制度和服务程序,这是对客人真正的负责。

第二,即使代客人填写了洗衣单,也应该请客人过目后予以确认,并亲自签名,以作依据。

第三,洗衣房的责任首先是洗衣单上没有客人签名不该贸然下水;其次,洗衣工对名贵西服要湿洗的不正常情况若能敏锐发现问题,重新向客人了解核实,则可避免差错,弥补损失,这就要求洗衣工工作作风细致周到,熟悉洗衣业务。

另外,就本案例的情况而言,饭店一般可按规定适当赔偿客人损失,同时尽可能将客人受损的衣服修补好,由于投诉客人是长包房客,为了稳住这批长包房客源,这家饭店领导采取了同意客人巨额赔款要求的处理方法,这是完全可以理解的。况且,尽管客人的确也有责任,但饭店严格要求自己,本着"客人永远是对的"原则,从中吸取教训,加强服务程序和员工培训,也是很有必要的。

四、任务准备

(1)洗衣单;
(2)洗衣袋;
(3)送洗的衣物。

五、任务实施

表3-12 任务实施表

序号	实施步骤	实施内容	要求
1	客衣收取	上门收衣	接到客人要求迅速前往客人房间
		检查客衣	清点衣物的件数;确认衣物颜色、类型、破损情况;检查口袋有无遗留物品;检查衣物有无严重污渍并向客人说明
		核对洗衣单	核对洗衣单填写内容和实际情况是否相符,并检查客人签名

续表

序号	实施步骤	实施内容	要求
2	客衣送洗	填"客衣收取记录表"	仔细检查,准确填写
		与洗衣房进行交接	与洗衣房收发员核对洗衣单
3	客衣送还	接收洗衣房送交的客衣	准确清点衣服件数、核对衣服情况、签收
		将客衣送交客人	确保数量、房号正确;请客人签收
		入账	核算洗衣金额,将洗衣单及时报前厅部收银处入账

六、任务评价

表 3-13 任务评价表

序号	评价内容	评价结果			
		优	良	合格	不合格
1	能及时上门收取客衣				
2	在收取客衣时能仔细检查衣服情况,避免疏漏				
3	用礼貌、规范的语言向客人说明客衣破损、污渍等问题				
4	正确核对洗衣单并纠正错误				
5	客衣送洗时正确与洗衣房收发员进行交接				
6	按程序将客衣送交客人				
7	及时核算金额,避免漏账				

七、拓展知识

(一)保值洗衣

鉴于很多客人待洗衣服的价值远远超过洗涤费的 15 倍,如衣服损坏或丢失,按洗涤费的 15 倍进行赔偿远远不能补偿客人的损失,一些饭店推出"保价洗涤收费方式",即按客人对其送洗衣物保价额的一定比例收取洗涤费。

(资料来源:朱小彤.客房服务与管理.广州:广东旅游出版社,2009.)

(二)擦鞋服务

《旅游饭店星级的划分与评定》(GB/T 14308—2010)中规定四星级以上的饭店客房内应备有擦鞋用具,并提供擦鞋服务。一般擦鞋用具放在客房衣柜内或者床头柜下方,客人可以自助擦鞋。当客人需要服务员帮忙擦鞋时,服务员应按照工作程序操作,不可马虎大意。擦鞋服务操作程序如表 3-14 所示。

图 3-6　擦鞋

表 3-14　擦鞋服务操作程序

序号	操作程序	操作步骤和说明
1	收取待擦鞋	收取客人放在鞋篮内的待擦鞋,第一时间送到工作间
		在客人叫擦鞋时与客人确认需求时间
		收取的待擦鞋要用纸写清房号放于鞋内
2	擦鞋	及时到工作间为客人擦鞋,在短时间内完成,不可在客房内进行此项服务
		用旧报纸垫在地上,以免弄脏工作间地面
		用同色鞋油擦鞋,若无同色鞋油,则用无色鞋油,要擦净、擦亮
		及时到工作间为客人擦鞋,在短时间内完成,不可在客房内进行此项服务
		用旧报纸垫在地上,以免弄脏工作间地面
3	送还擦净的鞋	

任务 3　会客服务

一、任务描述

为住店客人提供会客服务,并应客人要求提供加椅和茶水服务。

七、拓展知识

巧妙地通报电话

某天晚上21:00多,某饭店台班服务员小邓正在三楼服务台值班。电梯铃响了,一位先生夹着公文包行色匆匆地步出电梯,直奔服务台。"先生,您好!请问有什么事需要帮忙吗?"小邓面带微笑热情地招呼着。"我要找来参加电子产品交易会的陈××先生,请问他住在几号房?"小邓记得这位陈先生的名字。"请您先填一下这张《访客登记表》好吗?"趁来访者写字的时间,小邓迅速地查了一下陈先生的房号。来访者很快填好了登记表。"对不起,先生,请稍等。"小邓迅速拨通了陈先生房间的电话:"您好,我是楼层服务台,有位张××先生找陈先生,可以让他进去吗?"小邓将话筒紧贴自己的耳朵。"告诉他不在,谢谢!"小邓放下电话,"张先生,非常抱歉,同房间的客人说陈先生今晚在朋友那儿留宿了。"来访者不情愿地转身向电梯走去。

(资料来源:沈艳.客房服务实训教程.北京:科学出版社,2007.)

评析:本例中台班服务员小邓的做法很巧妙:既尊重了住客的意愿,维护了住客的面子,做到替客人保密,对客人的安全负责,又不伤害访客的面子,同时也便于服务员的工作,避免可能发生的不愉快。

从中我们可以得到启示:处理此类问题时,电话语言一定要注意策略,要考虑周全,顾及多方,既不得罪客人,也不能给饭店的工作带来麻烦。

任务4 借用物品服务

一、任务描述

按照饭店规定为客人提供借用物品服务。

二、任务分析

借用物品服务的关键在于熟悉饭店借用物品的管理规定,具有较高的安全意识,防止因借用物品发生安全事故,避免投诉。

三、相关知识

(1)客人因特殊需要借用客房没有配备的其他物品,由服务中心统一递送。

①客人借熨斗、熨板时,服务中心应先提醒客人饭店提供熨烫服务,如客人仍坚持借用,可让大堂副理与客人联系后再予借用。

②客人借暖风机时,服务中心应先提醒客人关掉冷气并表示可提供棉被,如客人仍坚持借用,可让大堂副理与客人联系后再予借用。

③客人借螺丝刀、大剪刀等利器、工具时,要婉转地询问用途以及是否需要工程部人员帮忙,防止出现盗窃、自杀、他杀等恶性事件。

(2)服务中心将借用物品的种类、件数、房号、借用日期、交还时间分别记录在中心备忘白板上和输入电脑中。

(3)借用物品要经检查,电器类物品还要经测试合格方可借出。

(4)借用电器时要提醒客人注意用电安全,其中熨斗要放在专用袋子里,内附《使用注意事项》。借用小件物品要使用托盘递送,提醒客人用毕尽快通知服务中心取回,然后让客人在《物品借用登记表》(见表3-18)上签名。

(5)退房时,要留意借用物品是否已收回,提醒服务员注意检查。

(6)借用物品收回后要及时取消借用记录,检查完好程度并清洁,方便下次使用。

(7)常客借用物品,可编入客史档案,在其下次入住前先放入房间。

表3-18 物品借用登记表

日期		房号	
宾客姓名		物品名称	
归还日期		宾客签名	
经手人		其他	
备注	客人所借的上述物品,如果离店时仍未交还,饭店将向客人索取物品的价值费用		

【案例】

被客人带走的订书机

某公司有50人的会议团体来到位于市郊的某四星级饭店入住,住店第一天,该公司的会议负责人孙小姐致电客房服务中心,要求借几个订书机,五分钟后,客房服务员将订书机送到会务房,服务员敲了敲门问:"您好,请问是哪位要的订书机?""是我要的。"孙小姐回答道。服务员小李放下三个订书机,就赶紧去忙自己的事情了。第三天,会议结束,孙小姐的同事在帮忙收拾本公司会务组物品的时候将所有订书机都打包进了装会务资料的纸箱子,直到办理退房,孙小姐也没有想起借了饭店的订书机还未归还。

当另一个会议团S公司的会务组致电客房服务中心要求借订书机时,客房部当班服务员小刘发现找不到订书机,问了小李才知道之前的客人还没有归还饭店的订书机,小李立即打电话给孙小姐,但孙小姐此时已经回到市中心,要返回饭店至少需要一个半小时。S公司的会务负责人认为这个饭店的服务水平不高,在自己有需要的时候饭店没能满足要求,只好想别的办法了。

评析:此案例中客房服务员在租借物品给客人时忽视了两个步骤,一是没有及时做好记录、登记客人租借物品的时间、数量等,二是没有提前关注借物客人的离店时间,并及时收回借用的物品。此外,客房服务中心的员工没有做好交接班记录,导致客人有借物需求的时候物品却"无迹可寻"。

四、任务准备

（1）物品准备：借用物品登记表。
（2）知识准备：借用物品的程序。

五、任务实施

表 3-19　任务实施表

序号	实施步骤	实施内容	要求
1	接受申请	接听电话或者直接接受客人的借用要求，仔细询问客人借用物品的名称、要求以及借用时间	客人借用利器、工具时询问用途，并表示可提供帮助，防止恶性事件发生
		做好登记，填写借用物品登记表	
2	递送物品	及时将物品准备好送到客人房间	递送物品时应提醒客人物品的使用方法
		请客人在借用物品登记表上签名	
3	收回借用物品	必要时主动询问客人借用情况，收回物品	做好交接班记录
		检查物品完好并清洁	
		将常客借用物品编入客史档案	
		在退房时确认借用物品是否已收回	

六、任务评价

表 3-20　任务评价表

序号	评价内容	评价结果			
		优	良	合格	不合格
1	及时将物品送到客人房间				
2	体现安全意识，避免安全事故				
3	了解物品的使用方法				
4	体现爱惜饭店财物的意识				

七、拓展知识

象棋的故事

一个雨夜,某宾馆服务员小李正在上夜班。这时已是凌晨一两点钟,有一位醉醺醺的客人来到服务台大喊大叫说要玩象棋。小李马上给棋牌室打电话,可是棋牌室服务人员已下班。小李想劝客人回房休息,但这位客人已失去理智,开始谩骂服务员。小李又着急又委屈,但仍耐心劝客人,为了让这位客人尽快回房,不影响其他客人休息,小李给其他楼层服务员打电话,让别人来安慰照看客人,他冒雨跑回自己宿舍找出象棋。当他气喘吁吁地返回工作岗位时,已是满身雨水。第二天早上,这位醉酒的客人醒后,一再向小李表示歉意和谢意。

(资料来源:沈艳.客房服务实训教程.北京:科学出版社,2007.)

评析:这是一个提供借用物品服务的故事,也是一个处理醉酒客人借物的故事。遇到醉酒的客人是件很麻烦的事,小李的处理就很妥当。这位醉酒的客人已失去理智,讲再多的道理他也明白不了,只有千方百计满足他的要求才能使他安静下来。当深夜棋牌室已下班,借不到象棋时,小李千方百计地想办法,满足客人的要求。小李虽然擅离岗位,但在这种特殊情况下,一切为了客人,所以做出了果断处理。先求助同事照顾客人,然后冒雨去找象棋,很快平息了一场风波,保障了其他客人的正常休息。小李反应机敏,处理灵活、周密,具有很强的应变能力。同时,小李在遭到客人谩骂时,并不计较,表现出很好的服务意识与忍让精神。

不仅是借用物品服务,对于客人的合理需求,饭店员工应做到千方百计地满足客人,尽可能不对客人说"不"。即使实在不能满足客人的需求,也要委婉说明,做出合理的解释。

任务5 委托代办服务

一、任务描述

客人在住店期间可能需要服务人员代为办理一些事务,例如委托饭店照顾婴儿、留言给访客等。有的饭店由"金钥匙"或私人管家来负责委托代办服务,有的饭店则将委托代办划分到客房服务中心的职责范围。

二、任务分析

委托代办服务的关键在于弄清客人的需求,替客人办理事务的时候既要让客人满意、避免给客人带来损失,又要避免因处理不当而引起纠纷。

三、相关知识

(一)叫醒、留言服务

1. 叫醒服务

叫醒服务通常由总机工作人员提供。当电话无法叫醒客人时,由客房服务员进行人工叫醒。当敲门无人应答时,应及时通知领班及大堂副理后,根据具体情况进行处理。若房门反锁或串上门锁时,应请前台值班经理及工程人员一起打开门锁,以防止任何意外发生。

叫醒服务看似简单,在实际工作中却常有客人投诉。总机电话叫醒时,客人接听了电话,但随后又睡着了。醒来后误了行程,投诉饭店服务不周到。要避免因这个原因引起投诉,必须采取电话叫醒和人工叫醒双重确认,客房服务中心应注意查看电脑记录,关注需叫醒的房间动态。有的饭店在第一次电话叫醒后,隔10分钟会再一次让客房服务员确认客人是否起床。

2. 留言服务

客人外出时,通常会有关于他们去向的留言,以便让来访者及时取得联系。客房服务员在接收到此类信息时应及时做好记录,在交接班时交代清楚。若是访客给客人的留言,应尽快放入房间明显的位置上,当客人回来时还要口头再次提醒客人,以便引起客人关注。接受客人电话留言时,要听清、记准客人留言内容,迅速记录,经复述,被客人确认无误后,再填写留言单,然后按留言服务程序办理。

日期 Date:　　　　　　　　　　　　时间 Time:

先生/女士/小姐 Mr/Mrs/Miss _____

Room No. _____

请通知宾客 Please be advised that _____

先生/女士/小姐 Mr/Mrs/Miss _____

☐ 曾电访/到访　　　　　　☐ 将再电访/到访　　　　　　☐ 请复电话
　 Call by phone/in Person　　 Will call again　　　　　　　Please call back

请与接待处联络有关:
Please contact reception counter

☐ 换房 Room change　　　　　☐ 收取包裹 Parcel collection

☐ 退房 Departure date　　　　 ☐ 其他 Others

☐ 收取信件/电传/电报 Letter/Telex/Cable collection

Reception Copy　　　　　　　　经办职员
　　　　　　　　　　　　　　　Clerk _____

图 3-7　留言单

(二)托婴服务

入住饭店期间,有些客人不方便带婴儿外出,需要饭店提供托婴服务。客房部服务员要根据饭店有无提供此项服务及时回复客人(一般四星级以下饭店无此服务)。客人需要提供托婴服务时,请客人提前3小时与服务中心联系,由服务中心递送《婴儿看护申请表》请客人填写,并详细核对。托婴服务的程序和步骤如表3-21所示。

表3-21 托婴服务操作程序

序号	操作程序	操作步骤和说明
1	接受委托	请客人填写《婴儿看护申请单》,确认客人的房号、姓名、服务时间、看护地点、婴儿的姓名、性别、年龄、健康状况、作息时间安排、喂食时间、特殊要求、父母姓名、身份证件、联系方式以及紧急情况联系人及电话号码;注明饭店看护方式和相关责任;请客人签名
		向客人说明收费标准
2	看护婴儿	与看护人员做好交接记录
		看护人员按申请表要求看护好婴儿,有任何情况发生及时跟客人取得联系
		不离开婴儿;不随便给婴儿吃东西;不让婴儿接近有危险的东西;不把婴儿带离指定地点
		有意外马上向上级汇报
3	交还婴儿	客人回来后主动向客人汇报看护过程及婴儿的情况
		将婴儿交还给客人
		处理有关费用
		在交接本和工作报表上做好记录
		如到预定时间客人仍未出现,看护人员必须坚守岗位,有困难及时告知服务中心

(三)代开门服务

(1)当住店客人忘带房卡出门,要求为其打开房门时,应请客人出示相关证件,与前台进行身份确认后,方可为客人开门。若客人无有效证件,也无钥匙及住房卡,则请客人说出姓名(与前台核对)、房内客人自己的物品特征、钥匙及房卡的摆放位置。

(2)请客人稍等,另外请同事帮忙(防止发生意外),进入客房查看客人所述与实情是否一致,如一致,则请客人进房,拿出有效证件,再次与客人确认。

(3)确认无误后,向客人表示歉意,退离客房,并将门关上。

(4)若客人无法出示有关证明,则不可替客人开门,一面婉言解释,请客人到前台办理相关手续,一面做好记录,并通知保安部关注此人,以防不可预测的情况发生。

【案例】

为访客开门

某大饭店客房部服务员小郑和往日一样,整理完工作车,便开始了一天的工作。小郑根据房态来到905房间打扫卫生,做床的时候,听到走廊内有人叫服务员。

她便立即放下手中的工作,快步走出房间。906房门口站着一位先生,手里拎着很多东西。小郑微笑着迎上去问候客人并询问有什么事需要帮助。站在906房门口的先生说,他的一位朋友住在906,早上他打电话给我,让我把东西送过来,并在这里等他回来。

"先生,请问您的朋友贵姓?"小郑微笑着问客人。"怎么,不信任我?"客人用质疑的语气反问小郑,并把手里提的东西往地毯上一放,从上衣口袋里掏出他的证件,递到小郑面前,是警官证。小郑明白客人误解了自己的意思,但还是有礼貌地对客人笑着说:"先生,您误会了,首先,我对您是肯定的信任,但是您的朋友住我们的饭店,这个房间目前的所有权归他,如果不经他本人同意,我们是无权为任何人开门的。您想,如果这个房间是您的,而在您不在的情况下,我们服务员……"

客人听完小郑的一席话后,脸上流露出了温和的笑容。他拿起手机拨通了朋友的电话,讲明情况,客人把电话递给了小郑。客人在电话里说:"小姐,谢谢你,我是906房间的客人,叫××,麻烦你把房间门打开,让我的朋友进去,我马上就回来,谢谢。"挂断电话后,小郑对访客说:"先生,对不起,请稍等,我去拿钥匙。"小郑借机打电话到总台,对906房间的情况再次进行了确认,并在最短的时间内来到客人面前打开房门,帮客人把东西提进房间。放好东西后,小郑礼貌地为客人沏了一杯茶,放到客人面前。来访的先生微笑着对她说:"小姐,你这样对工作认真负责的态度,我的朋友在这里住,还有什么不放心、不满意的,谢谢你。"小郑听到客人的赞赏,心里感到十分高兴,并对客人说:"应该谢的是您,谢谢您对我们工作的支持和理解,耽误了您这么长的时间,实在抱歉,您先休息一下,喝点茶水,如有什么事情,可以拨打电话'8686',我们随时为您提供服务。"说完之后,小郑便退出房间,并帮客人带好房门,继续干自己的工作。

(资料来源:朱小彤.客房服务与管理.广州:广东旅游出版社,2009.)

评析:

(1)这是一个语言技巧服务的典型案例,展现了语言艺术的重要性。

(2)在案例中,访客在小郑的耐心解释下,由不高兴到认可,再到最后的赞扬,说明小郑恰如其分地做到言之有"礼"、言之有"理"的语言艺术!

(3)作为一名楼层服务人员,在某种程度上担负着客人安全保卫的职责,小郑在安全方面有着极高的警惕性,在对客服务过程中很好地做到了这一点。

(4)在通过访客电话确认之后,小郑没有拿出钥匙给客人开门,而是礼貌地让客人稍等,并在最短时间内与总台联系,再次对906房情况进行确认,把工作做到最细处,不忽视每一个细节。

（5）"让客人满意"是我们服务的宗旨。按规范化的标准程序达到客人最终的满意，就需要我们达到像小郑那种境界。

四、任务准备

（1）知识准备：各种委托代办服务的程序及注意事项。
（2）物品准备：各种委托代办服务所需登记的表格。

五、任务实施

表3-22　任务实施表

序号	实施步骤	实施内容	要求
1	接受委托	通过电话或者直接接受客人的委托申请 向客人说明收费情况 向客人说明责任归属，避免投诉	询问客人有何要求，做好记录
2	执行代办	按照客人的要求办理，不可自作主张 有突发情况向上级汇报	及时为客人办理
3	跟踪反馈	向客人报告办理结果 听取客人的意见 入账或收费	及时确认收费方式

六、任务评价

表3-23　任务评价表

序号	评价内容	评价结果			
		优	良	合格	不合格
1	会按程序接受委托申请				
2	熟悉委托代办事项的操作程序				
3	交办及时				
4	具有安全意识和责任感				
5	会做记录				

七、拓展知识

饭店为客人提供的委托代办服务还有：代客修理物品、代办邮件、代办交通票、代购物品、递送转交物品、代煎中药等。

代煎中药服务

（1）服务员发现客人在房间里煎中药，应请大堂副理与客人联系。

（2）服务中心接到大堂副理或客人要求煎中药的通知后，应问清楚房号，马上派人到房间收取中药，并让客人填写《委托代煎中药申请表》。

（3）申请表要让客人填写清楚房号、姓名、送药日期及时间、中药剂数、煎药要求，并让客人在委托声明上签名表示愿承担药效及由此引起的一切问题，然后经办人签上自己的姓名及日期。

（4）服务中心人员煎药时应严格按照客人的要求，讲究卫生，掌握好煎药时间，以免影响药效。万一不慎将药煎干，应向客人道歉并索取药方重买重煎。

（5）药煎好后倒入玻璃瓶，按客人要求准时送到房间，如遇房间挂有"请勿打扰"标志牌应先打电话询问客人。

（6）保留药渣至少 24 小时，将煎药壶彻底洗净。

（资料来源：朱小彤.酒店客房服务.广州：中山大学出版社，2010.）

项目三　客人离店服务

项目介绍

客人在离店的时候，客房部楼层服务员应及时了解预退房信息，在送别客人后仔细检查退房并且正确处理客人的遗留物品。我们将客人离店服务这个项目分为"送客服务"和"客人遗留物品的处理"两个任务，而第一个任务中"检查退房"是否仔细直接影响到第二个任务的完成情况，因此，送客服务的程序不容小觑。

导入案例

在某宾馆，一位四十来岁的客人陈先生提着旅行包从 512 房间匆匆走出，走到楼层中间拐弯处服务台前，将房间钥匙放到服务台上，对值班服务员说："小姐，这把钥匙交给您，我这就下楼去总台结账。"却不料服务员小余不冷不热地告诉他："先生，请您稍等，等查完您的房后再走。"一面即拨电话召唤同伴。李先生顿时很尴尬，心里很不高兴，只得无可奈何地说："那就请便吧。"这时，另一位服务员小赵从工作间出来，走到陈先生跟前，将他上下打量一番，又扫视一下那只旅行包，陈先生觉得受到了侮辱，气得脸色都变了，大声嚷道："你们太不尊重人了！"

小赵也不搭理，拿了钥匙，径直往 512 房间走去。她打开房门，走进去不紧不慢地搜点：从床上用品到立柜内的衣架，从衣箱里的食品到盥洗室的毛巾，一一清查，还打开电控柜的电视机开关看看屏幕。然后,她离房回到服务台前,对陈先生说:"先生,您现在可以走了。"陈先生早就等得不耐烦了,听到了她放行的"关照",更觉恼火,待要发作,或投诉,又想到要去赶火车,只得作罢,带着一肚子怨气离开宾馆。

思考:在上述案例中,服务员的行为正确吗?应怎样为即将离店的客人提供服务?

任务1 送客服务

一、任务描述

客人退房之前,客房部应该提前掌握客人的情况,并且在客人退房时认真检查房间,以保障饭店和客人双方的权益、圆满完成接待服务的最后一步。

二、任务分析

要完成此任务必须提前掌握预退房情况,送别客人时主动提供帮助;熟悉走客房查房程序,做到迅速、准确、无遗漏。

三、相关知识

(一)掌握预退房情况

(1)掌握预退房的房号和客人离店的准确时间。

(2)在客人退房前跟进委托代办事项的完成情况,检查客房服务项目的单据结算情况,例如洗衣单、酒水单等必须在客人离店前送到收银处,以便及时结算。

(二)送别客人

(1)在客人退房时帮助客人送行李。

(2)欢迎客人再次下榻本饭店。

(3)送客人到电梯口,帮客人按电梯。

(三)检查退房

(1)检查房间有无设施、设备损坏,物品有无遗失,如发现损失情况立即通知前台。

(2)检查房间有无客人遗留物品,如发现遗留物品立即通知前台告知客人,送还给客人。若客人已离店,则按饭店有关程序处理客人遗留物品。

(3)检查小酒吧消费情况,若有酒水消耗及时补填酒水单并通知前台入账。

四、任务准备

(1)物品准备:洗衣单、酒水单等。

(2)技能准备:检查走客房的程序。

五、任务实施

表 3-24 任务实施表

序号	实施步骤	实施内容	要求
1	掌握情况	掌握当天预退房的情况 检查客人委托代办事项的完成情况 确认客人消费项目的结算情况	房号准确,无错漏 及时跟进委托代办事项 消费单无遗漏
2	送别客人	帮客人送行李 (不设楼层服务台的饭店一般由前厅部行李员完成)	主动服务、送至电梯口
3	检查退房	检查客房设备、物品是否有损坏或遗失 检查客房是否有客人遗留物品 检查迷你吧的消费情况	动作迅速,不拖延 仔细检查,无遗漏 正确处理客人遗留物品

六、任务评价

表 3-25 任务评价表

序号	评价内容	评价结果			
		优	良	合格	不合格
1	能准确获取预退房的房号				
2	能及时跟进委托代办事项				
3	能及时将消费账单送前台入账				
4	能主动送客人到电梯口				
5	能迅速完成查房工作并通知前台				
6	能按程序正确处理设备、物品的损失情况				
7	能按程序正确处理客人的遗留物品				

七、拓展知识

(一)阅读材料:查走客房

据报道,目前国外一些知名饭店已经取消了查房制度,房间内小酒吧消费由客人自报。先不说这符不符合国内的现实状况,而在实际工作中,客人遗留物品的几率远大于其拿走或损坏饭店物品的几率,所以在现阶段查房还是必不可少的。饭店管理人员可以从以下几个方面来提高退房速度:

(1)熟记正确的查房程序,做到"胸有成房"。按程序查房退房就不会丢三落四,不会造成客人已结账后才想起某物品还未查到。

(2)分类别查房。团队房尽量团队与团队分开查,每个团队房整体查完后统一通知收银台。团队房和散客房一起退房时,先查散客房,团队房账目较多,有时不在同一楼层,退房程序比散客房复杂,会造成让散客等得太久,甚至引起投诉。

(3)加强前台与客房的衔接工作。房务中心接到总台的客人退房通知后,迅速传达到楼层服务员,楼层查房后将结果告知收银台。有时客人首先告知楼层将退房,楼层在查房后通知总台,总台应做好记录,避免重复查房。

有时在速度与准确率不能兼顾的情况下,宁可牺牲准确率也要提高速度。因为客人拿走客房物品的几率很小,不应该为了可能的1%去冒犯99%。

(资料来源:朱小彤.酒店客房服务.广州:中山大学出版社,2010.)

(二)客房设备、物品异常情况的处理

【案例】

使客人心悦诚服地负担赔偿

早上,客房服务员到房间整理,发现花瓶坏了,便询问了客人,原来,客人昨晚拍照,把花瓶挪了个地方放在另一张桌子角上并且不小心碰掉了,还把自己的脚划破了,客人跟服务员说如果自己的脚伤了,他们是要赔的。之后,服务员将事情告诉了经理,经理带着服务员到了客人的房间,并问客人脚怎么样,用不用去医院,客人说不用,这时客人心里比较高兴,因为经理很细心并对客人表现出了关切之情。接着经理委婉地向客人说明花瓶的价格和质量,向客人提出赔偿,客人答应付赔偿金。

(资料来源:http://www.17u.net/bbs/show_7_1117857.html.)

评析:上述案例讲述的是客人损坏了饭店客房物品后的处理方法,处理程序和做法如下:

第一,服务员在打扫房间时,发现有物品损坏,如客人在场,可婉转地向其了解原因,并将情况报告领班后一起向客人说明赔偿制度。

第二,在客人不承认的情况下,会同上级主管人员向客人作解释,避免饭店利益受损。

第三,在处理时可视实际情况酌情减免赔偿费用。

任务2 客人遗留物品的处理

一、任务描述

服务员在检查走客房或清扫走客房时发现客人的遗留物品,应立即交还给客人,若客人已离店,则应按程序登记、保管遗留物品。

二、任务分析

要正确处理客人的遗留物品,首先要会分辨哪些物品属于客人的遗留物品,其次应熟悉饭店的遗留物品管理规定和遗留物品的认领程序。

三、相关知识

1.遗留物品的分类

(1)遗留物品根据遗留地点划分可分为三类:一类是饭店客人在房间的遗留物;另一类是到饭店消费或参观、游览的客人在公共场所的遗留物;还有一类是饭店员工在内部场所的遗留物。

(2)遗留物品根据价值和性质划分可分为贵重遗留物品、普通遗留物品和饮食品三种。其中贵重遗留物品是指金银珠宝、首饰、手机、手表、相机、电器等估计价值在人民币100元以上的物件及所有的现金、支票、有价证券和证件。

2.遗留物品的收集与管理

(1)员工在饭店范围内拾获客人或员工遗留的物品,均应交到服务中心保管存放和造册登记。

(2)遗留物品的保管、认领处置由保安部和客房部共同负责。接收和退还遗留物品的工作由客房服务中心职员负责,但对物品进行清点、分类和存放时,保安部派人到场核对和确认。

(3)凡有遗留物品交到服务中心,服务中心职员必须在"遗留物品登记表"(见表3—26)上按要求做好登记和将资料输入电脑,分类将遗留物品存放在指定的位置。"遗留物品登记表"登记项目包括,遗留物品的数量、质量、颜色、特征、时间、地点、拾获者姓名、工号等内容。一式两份,一份存底,一份连同遗留物品一起保存。

表3—26 遗留物品登记表

登记遗留物品具体情况	日期		时间	
	地点(房号)		姓名(客人)	
	物品名称 (描述规格、型号)			
	是否与客人联系			
	发现人		经办人	
领取遗留物品具体情况	日期		时间	
	领取人证件号码			
	领取人姓名		经办人	
	备注			

(4)未经许可,无关人员不得擅自查阅遗留登记资料及处理遗留物品。

3.遗留物品的存放及保管期限

(1)贵重遗留物品存放在客房办公室的保险箱内,保险箱的两把钥匙分别由保安部和客房服务中心保管。

(2)普通遗留物品存放在服务中心的遗留物保管室。

(3)贵重遗留物品原则上保存一年,普通遗留物品原则上保存三个月,其他一些如水果、饮料、开封的食品等视情况保存三天到一个月可作处理。

(4)到期的遗留物品定期由市公安局拾遗处人员收走,这期间要办好相应的交接手续和文字存档工作,交接表上需有保安部和客房部经理的签名确认。

4.遗留物品退还客人服务规程

(1)店内住客。

①客房中心职员经查证核实住客的身份和遗留物品登记表的记录相符后,与客人联系,征询客人取回遗留物的具体时间。如有异议则要向客人解释清楚,并及时向主管、经理反映处理。

②由客房中心职员负责按照客人所提供的时间要求,把遗留物品送至客人房间,让客人在"遗留物品登记表"上签收确认。

③遗留物品在送交客人前必须清点核实一次,面交客人时要逐项清点。

④无误后登记、签名、填写工作单位领取,之后在当页遗留物品单上贴上领取者证件复印件。

(2)店外客人。

①根据客人来电查询或通过联系确认有遗留的物品,并征询取回物品的时间和途径,把所要办理的手续要求向客人解释清楚。

②由客房中心职员负责按照客人所提供的时间要求,事先把遗留物品和登记表核实准备好,同时在当天把客人要前来领遗留物品的时间信息告知大堂副理。

③接到大堂副理的通知时,由客房中心职员负责把遗留物品送到大堂副理指定的地点位置,并配合为客人办理有关领取手续。

④如客人委托他人代领,代领人须出示身份证和客人的委托书,并对照核实无误后方能办理代领手续。否则,要请示大堂副理和部门经理处理。

⑤在完成遗留物品的交接后,将客人的身份证或护照号码记录在遗留物品登记表上,由客人签名确认,并填写具体的交接时间。

5.违纪处理

凡是因私留领占客人遗留物品(拾遗不报)引起不良影响的人员,除了追回私占物品外,要酌情给予严肃的纪律处分或开除。

四、任务准备

(1)知识准备:遗留物品处理程序。

(2)物品准备:遗留物品登记表。

五、任务实施

表 3-27 任务实施表

序号	实施步骤	实施内容	要求
1	通知前台或客人	(1)发现客人遗留物品时立即通知前台查询客人是否结账离店 (2)若客人尚未离店,立即交还遗留物品给客人 (3)若客人已经离店,立即设法通知客人	及时通知前台 及时通知已经离店的客人
2	拾遗登记	若客人已经离店,应将物品上交客房服务中心或客房部办公室,并做好遗留物品登记	准确做好登记,避免疏漏
3	妥善保管	根据饭店有关规定妥善保管遗留物品	注意贵重物品或食品的保管规定、分类存放
4	归还遗留物品	按程序归还客人的遗留物品	注意委托他人代领遗留物品的手续

六、任务评价

表 3-28 任务评价表

序号	评价内容	评价结果			
		优	良	合格	不合格
1	能及时通知前台或者已经离店的客人				
2	能做好遗留物品登记,避免疏漏				
3	熟知遗留物品管理规定				
4	能按规定保管遗留物品、分类存放				
5	能按程序归还遗留物品给客人、严格把关				

七、拓展知识

广州市拾遗物品管理规定(征求意见稿)(摘录)[①]

(三)在旅馆拾获的财物,应交旅馆保卫部门妥善保管,并设法归还原主或公开招领,招

---

① 资料来源:http://www.gdga.gov.cn/jwzx/gdjx/gzsj/201202/t20120210_573920.html。

领期限九十天(接待外国人和港、澳、台胞的宾馆、大厦、饭店可再延长九十天),逾期无人认领的,送交市公安局拾遗物品招领处继续公开招领。

(四)凡拾获机密文件、资料、图纸、重要证件、军用物品(包括枪支、弹药)、违禁物品以及其他危险物品的,应即送交当地公安机关处理。

第五条 旅馆业以及其他代客保管财物的单位,发现被保管的财物超过保管期限未能按期领取的应继续妥为保管,逾期十天后仍未领取的,可作为拾遗物品,送市公安局拾遗物品招领处处理。

第六条 收到拾遗财物的单位,在将现款数额,物品的名称、数量、特征以及拾获的时间、地点作详细的造册,编号登记存放,并发给拾获人收据。

【案例】

不翼而飞的"西装外套"

4月至5月是广州饭店业的销售旺季,一年一度的广州国际进出口商品交易会(春交会)在此期间举行,某四星级饭店平时就暴露出人手不足的问题,这些天客房部更是忙得不可开交。4月29日上午,楼层主管安排陈明和王丽两名楼层员工负责6楼整个楼层的房间清扫工作。临近中午时分接到前台通知618房客人退房,由于陈明就在隔壁房间做卫生,因此他马上过去618查房,查完后通知前台房间并无异常,可以转走客房,之后便返回隔壁房间继续做卫生。王丽做完手头上的房间后进618房打扫,打开衣柜发现客人遗留了两件西装外套,这时客人已经退房离店了,因此王丽将衣服用塑料袋包好放在了工作间的房务车上,并告知陈明618房客人遗留的衣物已放在工作间。随后两个人在繁忙的工作中并未特别留意衣服的去向……

三天后(5月2日),客人致电饭店前台称落了两件外套在饭店,前台员工查询管理系统并未发现相关记录,于是请客人等候答复。客房部当班员工接到前台通知后立即开始寻找那两件衣服,但最后既没找到衣服又没发现相关记录,员工报告主管后,主管找来当天负责打扫房间的陈明和王丽,两个人竟然一时没想起来当天有客人遗留了衣物。客房部所有员工再次展开地毯式搜寻,都没有发现衣服的踪影。于是饭店回复客人说并未发现遗留的两件外套,客人称自己记得很清楚衣服是落在饭店了,分明是饭店把自己的衣服弄丢了却不想承担责任,并且表示两件西装外套是在机场买的名牌西装,一共价值7000元,要求饭店赔偿自己的损失。客房部经理意识到这次的问题不好解决,再次询问了陈明和王丽。最后王丽终于回忆起来自己在衣柜发现了客人的衣服,而且将衣服用黑色塑料袋包起来放在了房务车上,而陈明则说在下班收拾工作间时并未注意到有黑色塑料袋包裹衣服,只是将房务车里的垃圾全部扔掉了。于是几名员工抱着一丝侥幸心理跑去处理垃圾的工作间找衣服,可是所有东西都被运走了,哪里还能找到。

当客房部经理回复客人衣服已丢失,希望客人减少赔偿金的时候,客人更加生气了,他认为饭店不仅令自己蒙受损失,而且还想推卸责任蒙混过关,所以坚决不肯让步。考虑到员工的实际情况,饭店多次与客人协商,客人终于答应饭店以现金2000元和免费住双人间七天的方式赔偿损失。最后,陈明和王丽必须为自己的过失赔偿客人2000元,并且受到扣除当月奖金处分,而饭店不仅损失了一间双人房出售七晚的利润,也丢失了顾客对饭店的信任。

评析:

(1)表面上看,陈明和王丽是造成过失的责任人和主要原因。首先是陈明查房不仔细,未及时发现客人遗留物品,造成后来的二次过失。其后因双方没有良好的沟通和协调造成信息传递不畅,而信息传递不畅的原因在于王丽发现客人遗留物品后没有将查房结果清楚明确地告知自己的搭档陈明,也没有按照程序做好遗留物品登记,更没有在第一时间通知主管。

(2)挖掘深层次的原因可以发现,饭店管理方面存在问题,首先是分工不明确,导致陈明和王丽在负责同一楼层的时候出现了责任错位、信息传递不畅,其后在接到客人诉求的时候没有引起足够重视,想用"死不认账"的方式解决问题,从而导致客人遭受不公平对待。

(3)更深入地来看这个案例可以发现,事情发生的潜在原因是销售旺季人手不足导致忙中出错,而客房清扫员不能在繁忙的工作中遵守程序、按章办事,最终导致自己承担经济责任。

饭店是一个复杂的企业,各部门各岗位必须有制度可依、依制度办事,即使在推崇个性化服务、人性化管理的今天,制度管理依然是饭店正常运行的基石;良好的分工合作是饭店能够给客人提供优质服务的保证;从客人的角度考虑问题是饭店管理者应有的职业准则。

模块巩固

1. 引发洗衣纠纷有哪些原因?试述客衣服务的流程。

2. 试述客房小酒吧的服务与管理。

3. 客房服务员小陈在打扫走客房时在衣柜里发现了一条非常漂亮的围巾,禁不住诱惑,看看周围没人,她就偷偷将围巾塞进了口袋。不巧,正在检查的领班发现了此事,结果因小失大而丢了工作。

问:这一案例给你什么启示?如果你是服务员,你会如何处理客人的遗留物品?

4. 雨天客人从外面回来弄脏了地毯,服务员小安小声表示不满,后客人要求服务员擦皮鞋遭到拒绝,客人怒而投诉。假如你是该酒店的大堂副理,你如何按投诉处理的方法和程序处理此事?

模块四 公共区域清洁保养

饭店公共区域的"公共"对外而言意味着这一区域不仅服务住客,也服务饭店的食客、游客等其他类型饭店客人;对内而言则是饭店内部员工自己所处的环境。因此,做好公共区域的清洁保养,既是维护饭店对外的脸面,也是营造满意的工作环境的需要,其重要性不言而喻。

学习目标

- 熟悉各类面层材料的特性,能进行公共区域的保养。
- 了解各种清洁剂的使用要求和标准、各种机器设备的操作要领,能操作所有一般清洁器具和主要常用机器清洁设备。
- 能操作机器设备洗地毯和给大理石打蜡。
- 能熟悉主要家具材质,能对木质家具进行日常清洁保养。

项目一 各种材质表面的清洁保养

项目介绍

在饭店公共区域,各色人等穿行其中,最容易污脏之处就是地面、墙面等建筑外表面。饭店所使用的材质多样,有必要对各种材质表面加以了解并有针对性地加以清洁保养。

导入案例

东京迪士尼怎样培训清洁工

东京迪士尼乐园被誉为亚洲第一游乐园,年均游园人次甚至超过美国本土的迪士尼,美国迪士尼公司总裁罗伯特·伊格尔是这样分析的:"在培训员工方面,他们比我们做得更出色!"

东京迪士尼是怎么培训员工的呢?以最简单的清洁工为例,他们的第一个要求就是为人要乐观、性格要开朗,决定聘用之后,又要他们进行三天的"特别培训"。

第一天上午培训的内容是扫地。他们有三种扫帚,一种是扒树叶的,一种是扫纸屑的,还有一种是掸灰尘的,这三种扫帚的形状都不一样,用法也不一样,怎么扫不会让树叶飘起来?怎么刮才能把地上的纸屑刮干净?怎么掸灰尘才不会飞起来?这三项是基本功,要用半天的时间学会,然后让每个清洁工都记牢一个规定:开门的时候不能扫,关门的时候不能扫,中午吃饭的时候不能扫,客人距离你只有15米的时候不能扫。

下午培训的内容是照相。全世界各种品牌的代表性数码相机,大大小小数十款全部摆在那里,都要学会为止,因为有很多时候,客人会让他们帮忙拍照,东京迪士尼要确保包括清洁工在内的任何一个员工都能够帮上他们,而不是摇摇手说"我不会用相机"。

第二日上午培训的内容是抱小孩和包尿片。有些带小孩的妈妈可能会叫清洁工帮忙抱一下小孩,清洁工万万不能一接过来就把人家小孩的腰给弄断了,小孩子的骨头是非常嫩的,不能简单地"抱",正确的做法是"端",右手托住孩子的臀部,左手托着孩子的背,左食指要翘起来,顶住孩子的颈椎或者后脑。同时,还要培训清洁工们学会给小孩子包尿片,怎么包最科学,怎么叠最合理,最后上别针的时候应该用什么动作,东京迪士尼都有一套专门的"技术要求",扣别针的时候宁可扎到自己的肉,也不能扎到孩子的肉!

下午培训的是辨识方位。游客因为陌生经常会向人问路。"小姐,洗手间在哪里?""右前方,左拐,向前50米的那个红色的房子。""小姐,我这个儿子要喝可乐,在哪儿可以买到?""向前走150米,有个灰色的房子。"每一位清洁工都要把整个迪士尼的平面图刻进脑子里,哪怕是第一天工作,也不能对问路的顾客说"我刚来,我也不知道!"

第三天是花一整天的时间培训沟通方式和多国语言。首先是与人沟通时的姿势,必须要礼貌和尊重,例如和小孩子对话,必须要蹲下,这样双方的眼睛就保持在一个相等的高度上,不能让小孩子仰着头说话。至于学外语,要让人在大半天的时间里熟练掌握多国语言是不现实的,所以东京迪士尼只要求他们会讲一句话的多国语言就行了,内容是"对不起,我并不能与您顺利沟通,我这就联系办公室,让能够和您交流沟通的人来到您身边",在碰到有外国人求助的时候,清洁工们就会先对他们说这句话,然后联系办公室,很快就会有懂外语的人来到这名外国人的身边,帮助遇到困难的外国游客解决问题。

三天培训结束后,清洁工们才能被分配到相应的岗位开始工作。

东京迪士尼为什么要花这些力气去培训清洁工?因为他们认为,越是底层的员工越是代表着迪士尼形象,也越能直接为顾客提供服务,而形象和服务则是东京迪士尼的灵魂所在,就是说,他们把每一个底层员工都看成是自己这个团队的灵魂!

(资料来源:http://www.ycwb.com/ePaper/ycwb/html/2012-08/30/content_1478007.htm.)

思考:迪士尼的清洁工相当于饭店PA组的员工,他们对清洁工的培训给我们什么样的启发呢?

任务1 常规清洁器具及清洁剂识别

一、任务描述

能识别主要清洁器具及清洁剂。

二、任务分析

要求对清洁器具和清洁剂比较熟悉才能完成此任务。

三、相关知识

清洁器具包括：一般清洁器具和机器清洁设备。

（一）一般清洁器具

（1）扫帚。

（2）畚箕。

（3）拖把。

（4）玻璃清洁器。

（5）其他清洁工具。

①喷雾器。喷雾器用于喷射清洁剂及蜡水，单手操作即可。

②油灰刀（刮刀）。油灰刀用于去除粘固在地板上的口香糖等难以清洁的污垢。

③百洁布。百洁布有粗、细两种，清洁卫生间洁具很有效果。

除了上面介绍的几种外，其他常用的清洁用具还有：抹布、鸡毛掸子、丝瓜布、铝丝绒等。

（二）机器清洁设备

1. 吸尘器

吸尘器应用范围很广，地板、家具、帘帐、垫套和地毯等均可以用其清洁。

（1）吸尘器的结构。它主要由主体和附件两部分构成。主体包括电动机、风机和吸尘部分（由过滤器、储尘桶组成）；附件包括软管、接头弯管、塑接管（接长管）、刷头和扁吸嘴等。

（2）吸尘器的种类。按照操作原理及构造，吸尘器大致可分为三类：直立式、吸力式和混合式。直立式吸尘器在地毯上操作非常简单，使用者不用弯腰曲背，但它的吸嘴通常较大，所以在清洁"矮脚"家具底下或其他狭窄的地方时，就不如圆筒形吸尘器方便。此外，直立式吸尘器在操作时发出的噪声比吸力式的大。

吸力式吸尘器有多种款式，如圆筒形、长筒形。虽然外形设计存在一定差别，但它们都有一个共同之处，那就是都有一个长喉管，用来接交各种配件，以配合不同的工作需要。由于这类吸尘器只是靠吸力去吸尘，所以它的发动机功率通常比较大。在清洁方面由于没有电动旋转刷，对清理地毯的效力不是很显著。但由于它具备强劲的吸力，对清理地板、家具、帘帐等效果较好，也可较方便地清理"矮脚"家具底下或其他浅窄的地方。

混合式吸尘器外形与吸力式大致相同，多采用圆筒式的设计。它除了具有强劲的吸力外，还备有电动的振动清洁刷，可随时装上使用，因此在清洁效能方面可以同时发挥直立式吸尘器和吸力式吸尘器两者的长处。

2. 洗地毯机

洗地毯机工作效率高，省力、省时、节电、节水。机身结构及配件用塑料玻璃钢和不锈钢制成。可用于清洗纯羊毛、化纤、尼龙、植物纤维地毯等。洗地毯机主要由两个吸力泵、污水箱、净水箱、强力喷射水泵、电动机等构成，采用真空抽吸原理。洗地毯机在操作时，强力喷射、振荡刷洗、真空抽吸三个动作同时进行。

3.洗地机

洗地机又称擦地吸水机,它具有擦洗机和吸水机的功能,可将擦洗地面的工作一步完成,适用于对饭店的大厅、走廊、停车场等面积大的地方的清洗,是提高饭店清洁卫生水平不可缺少的工具之一。

4.吸水机

吸水机外形常用的有筒形和车厢形两种,机身由塑料或不锈钢材料制成,分为固定型和活动型两种。吸水机主要部件是真空泵、蓄水桶和吸水刷。吸水机的功能是:对洗刷后地毯进行抽吸,使残存于地毯中的污物彻底清除。它的使用方法和吸尘器的使用方法基本相同,接通电源即可操作,蓄水桶吸满后要及时放掉。

5.打蜡机

又称打光机。主要用于地板及光整地面上蜡后打光。打蜡机以电动机为动力,经变速机构带动刷盘旋转,将上蜡地面打光。包括单刷机、双刷机、三刷机和上蜡打光机4种。单刷机使用最广。单刷机的速度有慢速、中速、高速和超高速。慢速及中速较适合于洗擦地板,高速则适用于花岗石、大理石等平整硬质地面的抛光。

6.高压冲洗机

用于外墙、广场、地面、汽车和垃圾房、停车场和其他需要高压冲洗的地方。

7.吹干机

适用于清洗后的地毯、起蜡后的硬质地面。

除了上述各类机器设备外,各个饭店根据自己的规模、承受能力等条件配备不同的清洁机器。

(三)清洁剂

在进行清洁保养过程中清洁剂是必不可少的工具之一。因为它的使用可以取得如下效果:

(1)使清洁工作更加容易;
(2)消除或减少尘污的附着力;
(3)防止物件因受热、受潮、受化学污染或摩擦而遭受损坏;
(4)延长物品的使用寿命;
(5)美化物品的外观。

但是清洁剂一般都是些化学药品,如果对这些化学药品缺乏一定的认知,进行不当使用,则会对使用者和使用对象产生严重后果。

1.清洁剂的种类

一般清洁剂包括三种类型:酸性清洁剂、中性清洁剂、碱性清洁剂。

清洁剂的化学性质通常用pH值来表示。

(1)酸性清洁剂如:①柠檬酸;②醋酸;③盐酸稀释液;④硫酸钠;⑤草酸;⑥马桶清洁剂。

(2)中性清洁剂如:①多功能清洁剂;②洗地毯剂。

(3)碱性清洁剂如:①碳酸氢钙;②碳酸钠;③氢氧化钠;④氨水;⑤次氯化钠漂白剂;

⑥过硼酸钠漂白剂;⑦玻璃清洁剂;⑧家具蜡;⑨起蜡水。

2.常用清洁剂介绍

(1)万能清洁剂。是一种中性清洁剂,在使用过程中如加入沐浴露可以增加润滑作用和芳香味道。调和使用可用于浴室脸盆、马桶、浴缸等的清洗,以去除附在浴缸、墙壁上的油脂、水垢及肥皂残余物等。

(2)玻璃清洁剂。用以清理玻璃、镜子的污渍灰尘;也可加入酒精以增加挥发性,使用后洁净明亮并可防止灰尘吸附。

(3)地毯清洁剂。用于地毯清洗或局部污渍清理,依地毯材质及脏污程度选用各种类别的药剂,可使地毯颜色亮丽、洁净芳香。

(4)除锈水。用以清除铁锈污渍,避免触及衣物造成腐蚀。

(5)酒精。可用于电话机消毒和清理轻微黏胶,但必须是药用酒精。而且应避免触及木器油漆以免造成泛白痕迹;擦拭印刷品也会造成字迹褪色。

(6)瓷洁。用于马桶、瓷砖等污垢的清理,要避免触及不锈钢物品或花岗石地板。

(7)去油能(化油剂)。用于清洗一般污渍、油渍,若大面积时可与万能清洁剂掺和使用。

(8)漂白水。瓷砖缝、浴帘等发霉漂白用;茶杯、茶壶、盘子、洗脸盆水塞等漂白用;水杯的清洁杀菌用。在清理过程中应避免溅到衣物或眼睛,若沾到不锈钢应立即冲水。但漂白水禁止与瓷洁混合使用,以防产生气爆。

(9)三合一清洁剂。属于中性清洁剂,一般不会造成损坏,可用于清理黏胶、纤维质污点以及粘在地毯上的口香糖,效果良好。

(10)碧丽珠。用以打蜡磨亮家具,倒在专用抹布上,均匀涂抹家具后用力擦亮,但避免用量过多,会造成湿黏;房门等木器不宜上蜡,以防发霉。

(11)铜油。用以擦亮铜器用品,均匀涂抹后用力擦亮;镀铜用品不可使用,以免破坏保护膜。

(12)香蕉水。油漆调和剂,可用于清理黏胶及玻璃、镜面污渍清理。但不得擦拭塑胶、家具、亚克力等制品,那会造成表面腐蚀现象。

(13)地毯芳香剂。用以清除地毯霉味,增加芳香,倒在专用抹布上,均匀涂抹后擦亮,但避免用量过多,会造成湿黏。

(14)不锈钢保养油。用于不锈钢门等大面积的不锈钢清理,表面污渍的清理,形成保护膜后要将多余的油渍擦干净,并依序喷洒均匀后再用力擦拭,以保持光亮。

(15)不锈钢金属防护剂。此为水溶性乳化剂,对于锈蚀、斑点清洁效果显著,保养后不使金属表面起磨痕或刮伤,能保护金属表面,并能有效防止手印痕迹及水斑等。

(16)不锈钢清洁光亮剂、地板亮光蜡。大理石、PVC等各种地板打底时使用,能让地板平坦、耐用而且保养容易,洁亮持久。地板要彻底清理干净并风干后才能上蜡;平日可用磨光机抛光,以增加地板亮度。

(17)地面蜡。地面蜡有面蜡和封蜡之分。

面蜡(地面抛光剂),主要用于地面的清洁保养,其品种有油性(溶剂型)与水性(水基型)两种。它们都能为地面留下一层保护层,因而被称为面蜡。油性蜡用于木材等多孔质地面,待溶剂挥发后会留下一个蜡质保护层。它易变暗,但只要经常打磨即可恢复光泽。水性蜡则适用于少孔塑料地板、花岗岩和云石等。它是一种混合了蜡与聚酯物的乳状液体,干后能留下一个坚硬的保护层,同时具有防滑的作用。

封蜡(底蜡),其实是一种填充剂,使用后能通过渗透将一些细微的孔隙封住并在地表形成一层牢固的保护层,以防止污垢、液体、油脂甚至细菌的侵入。根据使用情况的不同,封蜡层可在1~5年内有效。

封蜡也有油性和水性两种。油性封蜡一般多用于木质地面,也可用于水泥地、石料地;水性封蜡一般用于塑料地板、橡胶地砖、大理石和水磨石地面等。完成除尘清洗程序后,将此均匀涂抹于地板上,能使地板光洁亮丽,而且日常保养维护容易。表面蜡有诸多种类,如一般树脂蜡、玻璃蜡等,根据地板的材质选用不同的蜡。因为含有特殊聚合分子,抗摩擦、防刮伤、质硬亮度佳,且不变黄、不粉化。不受水侵蚀,耐用性高,易保养。

(18)洁夫液。用于清洁墙面或不锈钢表面污渍,使用时要用浅色抹布,清洁后会有白色粉末,注意用湿布擦干净。

(19)起蜡水。用于需再次打蜡的大理石和木板地面,可将陈蜡及脏垢浮起而达到起蜡功效。由于碱性强,所以起蜡后一定要反复清洗地面后才能再次上蜡。

四、任务准备

预约参观饭店管家部或公共区域组,由饭店提供清洁设备及清洁剂。

五、任务实施

表4-1 任务实施表

序号	实施步骤	实施内容	要求
1	识别清洁设备	识别清洁设备及其用途	
2	识别清洁剂	识别清洁剂及其用途	

六、任务评价

表4-2 任务评价表

序号	评价内容	评价结果			
		优	良	合格	不合格
1	识别清洁设备及其用途				
2	识别清洁剂及其用途				

七、拓展知识

吸尘器的使用

（1）使用前必须检查电线有无破损，插头有无破裂或松脱，以免引起触电事故。

（2）检查吸尘器头有无隔尘网片，机身耳钩是否损坏或丢失。

（3）拉吸尘器时要一手抓吸尘器吸管，另一手拉吸尘器的把手，这样可方便拉动，避免碰撞其他物体。

（4）检查吸把转动是否灵活，发现有问题时要报告维修部检修，以免损坏把头和底部铁盒。

（5）吸尘器堵塞时，不要继续使用，以免增加吸尘器的负荷，烧坏电动机。

（6）发现地毯上有大件物体和尖硬物体时要捡起来，如果硬用吸尘器吸会损坏内部机件或造成吸管堵塞。

（7）吸尘后要检查吸尘器的轮子是否缠绕上杂物，若有要及时清理并加油。

（8）吸尘器每天使用完毕后，必须清理集尘袋，擦干净机身，将机头与机身分拆摆放好。

任务2　地毯清洗

一、任务描述

进行地毯湿洗的实训。

二、任务分析

在掌握地毯清洁保养步骤和清洁器具的使用方法的基础上才能做这项工作。

三、相关知识

地毯的清洁保养

地毯的更新周期一般为5~7年，若保养得好，5年后，地毯仍美观、柔软如新，若保养不善，则一两年即面目全非。地毯常受到这些现象影响：带有沙土的鞋一旦踩过地毯，沙子就会嵌入地毯内，使地毯纤维受到损坏，磨损地毯；食物痕迹和油迹若不及时清除，时间一长就得用强效清洁剂和溶剂，用刷子把它们擦掉。这些都不利于地毯的清洁保养。因此，定期地、不懈地对地毯进行保养是至关重要的。这样，不仅能使地毯看上去干净，也是保护地毯这一主要投资的一种良好方式。为此，饭店运行中绝不能忽视对地毯的保养。地毯的清洁保养采取四级保养法：

1. 预防保养

预防措施有利于减轻地毯受损、变脏的概率或程度。最常用的预防措施是在进入大面积的满铺地毯的场合前铺设蹭鞋垫,如大堂门前、宴会厅前、餐厅与厨房连接处等。好的蹭鞋垫能截留来客鞋底80%以上的沙砾、水分。还有专业公司发明了地毯保护剂,喷了保护剂的地毯表面不易污脏,出现了污脏物清洁起来也比不喷保护剂容易。

2. 日常清洁

吸尘。彻底的吸尘是保养地毯最重要的工作。吸尘不但可除去地毯表面积聚的尘埃,还可吸除深藏在地毯底部的砂砾,避免在人来人往时在地毯纤维根部产生摩擦而割断纤维,而且经常吸尘可以减少地毯清洗次数,保持地毯的弹性和柔软度,延长使用寿命。

①地毯吸尘,一般在客房区域要求每日一次;客人活动频繁的区域(如大厅、餐厅、商场等)每日不得少于三次,平时吸尘可用普通吸尘器,但应定期使用直立式吸尘器彻底吸除地毯根部的杂质、砂砾等。

②吸尘前,先清除区域内大的垃圾和尖利物品。

③吸尘时,客房或公共区域的角落、墙边等处应选用合适的吸尘器配件。

④吸尘时,应采用由里向外的方法进行,并按一定的顺序,以免遗漏。

⑤吸尘应采用推拉方式。推时应逆毛、拉时应顺毛。保证吸过尘的地毯纤维倒向一致,踩后地毯不会出现阴阳面。

3. 及时除渍

在日常工作中,发现地毯出现污渍,应立即加以清除。不同的污渍应用不同的方法,否则渗透扩散后会留下永远无法清除的脏迹。

4. 定期清洗

清洗地毯是一项技术要求极高的工作,饭店应配备专职地毯清洗工,并经过严格培训后才能独立操作。一般饭店要求彻底清洗地毯的时间不得超过半年,平时应根据地毯使用的频率灵活掌握洗涤周期。为了尽可能避免对地毯造成损坏,使地毯变形,最好采用干泡法对地毯进行清洗,当干泡法不能彻底清洁时可采用湿洗法。

清洗地毯的程序如下:

①清洗地毯前,应先将待洗区域地毯上的家具、物品撤除或移开。

②将待洗地毯彻底吸尘。

③检查地毯有无污渍,若有应先除渍。

④检查清洁剂是否符合要求,应避免使用含油质或残余物的清洁剂,以免再积成油污。测试的方法是将清洁剂进行蒸发,查看其残余物是否可被吸尘器吸取(若可以吸取,则说明该清洁剂不会积聚脏污),或先将清洁剂在小块地毯上试用。

⑤将清洁剂按使用说明配制后,装入洗地毯机的储液器内。

⑥清洗地毯时严格按机器使用说明或要求操作,并按从里到外的次序设计清洗路线,以免遗漏。

⑦湿洗时,洗地毯机刷洗完毕后,用吸水机吸遍地毯,将污水彻底吸净,使地毯容易干燥。

⑧用刷子逆毛将地毯纤维刷起,使之干后富有弹性。

⑨地毯干之前不可留有车辙印或脚印。

⑩将清洗区域内空调的风量开到最大或使用吹风机,使地毯中的水分蒸发。地毯干后,用吸尘器彻底吸尘,除去残余物,理顺地毯纤维倒向。并将彻底清洗后的区域恢复到原来状态。

四、任务准备

地毯、地毯洗涤剂、三合一清洁剂、小块海绵、洗地毯机、烘干机、吸尘器等。

五、任务实施

表4-3 任务实施表

序号	实施步骤	实施内容	要求
1	准备器具	在准备清洗的地方,竖立"暂停使用"告示牌	做好安全提示
		准备好各类洗涤剂和洗涤器具	
2	捡除硬物	认真检查地毯上是否嵌有牙签、针、石子等硬物	
3	清除地毯污渍	用刀、匙或刷子等清除固体	去除明显污迹
		用纸巾或棉纸吸去液体	
		用干净白布或海绵蘸适当去污剂将污渍洗掉	
		洗干净后立即吸干水分	
4	吸尘	用吸尘器对地毯进行吸尘	彻底吸尘
		按照一定路线进行,避免遗漏	
5	清洗地毯	按比例将洗地毯水兑水后加入电子打泡箱内	按程序操作
		将洗地毯机套上地毯刷,接上电源	
		打开泡箱开关,将泡沫均匀地擦在地毯上	
		控制擦地毯机的走向,由左至右,保持适当的速度	
		操作机械在地毯上来回刷3~4次,上下行距互叠10米	
		用毛刷擦洗边角,抹地毯上的泡沫	
6	吹干拨松	用地毯烘干机烘干地毯(烘干机的使用方法与吸尘器类似)	按程序操作
		再用吸尘器进行拨松吸尘	
		工作完毕,用清水冲洗泡箱和地毯刷	

六、任务评价

表4-4 任务评价表

序号	评价内容	评价结果			
		优	良	合格	不合格
1	准备器具				
2	捡除硬物				
3	清除地毯污渍				
4	吸尘				
5	清洗地毯				
6	吹干拨松				

七、拓展知识

饭店常见地毯污渍的处理方法

饭店常见地毯污渍的处理方法如下：

(1)黄油。将落在地毯上的黄油全部彻底刮掉,用海绵蘸上地毯干洗溶液擦拭,然后吸干。如清除不彻底,可重复进行,直到彻底去除为止。

(2)奶油。先把地毯上的奶油用抹布、纸巾等彻底吸干,再用海绵蘸上清洁剂溶液擦拭,把溶液吸干,然后再用海绵蘸上温水擦拭,吸干水分即可。

(3)咖啡、可乐、果汁、茶水。将地毯上的咖啡液、可乐汁、果汁、茶水用纸巾、抹布彻底吸干,用海绵蘸上清洁剂溶液擦拭,再用纸巾、抹布吸干溶液,然后用海绵蘸清水擦拭,用同样的方法吸干水分。如果污渍是以前粘上的,可用带微量漂白剂的专用溶液除去,吸干溶液后再用海绵蘸上清水擦拭并吸干水分即可。如果是茶渍,最后还应用海绵蘸上专用弱酸性溶液擦拭并把溶液吸干。

(4)呕吐物。发现地毯上有呕吐物时,应立即刮去并吸干脏物,用海绵蘸上清洁剂溶液擦拭。把溶液用抹布或纸巾吸干,再用海绵蘸上清水擦拭,然后把水分吸干。

(5)口香糖。先用小刀小心地把口香糖彻底刮去(如口香糖已结成硬块状时,最好先用冰块冷敷一下,使其发脆后用刀刮去),用海绵蘸上地毯干洗剂擦拭,然后用纱布吸干;如口香糖较多时,可用同样方法反复进行,也可使用专用的口香糖喷剂去除。

(6)唇膏。先用小刀把地毯上的唇膏轻轻刮去,用海绵蘸上醋酸或清洁剂溶液擦拭,然后用抹布把溶液吸干。如果使用清洁剂,则还应再用海绵蘸上清水擦拭,再把水分吸干。

(7)指甲油。如发现客人不小心把指甲油粘到地毯上,应先用小刀轻轻刮干净,后用海绵蘸上醋酸或指甲油去除剂擦拭,用抹布吸干,然后用海绵蘸上地毯干洗剂擦拭,吸干。如指甲油较多时,可重复以上的清洁方法。

(8)血迹。对地毯上的血迹,可用纸巾吸干后用蘸上冷水的海绵擦拭,把水分吸干后再用海绵蘸上清洁剂溶液擦拭,用抹布吸干溶液,最后用海绵蘸上清水擦拭,把水分吸干。

(9)烧焦痕迹。被燃烧的烟火毁伤的地毯,可小心将地毯上簇绒烧焦的一端剪去,再加以擦拭。然后,用海绵蘸上清洁剂进行擦拭。对毯绒很短的地毯,有时可采用砂纸擦拭,消除烧焦处的痕迹。

(10)果汁。彻底吸干果汁,用海绵蘸上清洁剂溶液揩拭,吸干溶液;然后再用海绵蘸上清水揩拭,并吸干水分。

任务3 大理石地面的保养

一、任务描述

清洗大理石表面,打蜡。

二、任务分析

需掌握高速打蜡机的操作技能和大理石清洁、打蜡的程序方可完成此项任务。

三、相关知识

大理石地面(花岗岩地面也适用)的清洁保养程序如下:

1. 日常清洁

(1)推尘。推尘是利用尘推与地面摩擦产生的静电将灰尘吸起,达到除尘的目的。推尘的正确姿势应是握杆的手靠在腹部,尽量保持直线向前,从一头开始推进,平行地来回往复行进中尘推紧贴地面,不能抬起,以免灰尘飞扬;拐弯时,尘推应做180度转向,始终保持将尘土往前推;当尘土积到一定程度时,应将尘土推至一边,并用吸尘器将其除去;尘推积尘过多应及时更换,以达到较好推尘效果;尘推用好后应拿到工作间及时处理干净,推头向上挂放。

(2)喷磨。对推尘去除不掉的蜡面局部脏迹和一些走动较多的、有磨损印或鞋跟印的地面,喷上蜡后,用单擦机加粗细合适的尼龙百洁刷盘进行喷磨。它可以将落下的面蜡屑带入百洁刷盘内,而且喷磨后,会在地面上留下一层薄薄的新蜡,起到光洁地面的作用。喷磨时,操作人员先对机器前方地面喷蜡,然后再用机器磨。注意调节好喷嘴,不要将蜡喷得太远,以免机器磨到时,蜡已干掉。还需注意不要喷到墙上、家具上,一般喷至离墙、家具70cm的地方即可。在进行喷磨时,当百洁刷盘沾满脏物时,应及时更换或翻转刷盘。喷磨完成后,用尘推将被磨散的蜡屑或灰尘推走。在工作间对刷盘进行彻底冲洗。若刷盘有重污或已变硬,可将其浸泡在去蜡水溶液中洗涤,洗涤干净后晾干备用。

2. 定期清洗、打蜡

当推尘和喷磨无法去除地面的脏迹和磨损,或不能使地面恢复光滑的状态时,可进行彻底的清洗和打蜡。地面洗涤周期一般应不超过半年,但主要应视脏的程度而定。

清洗地面前,将所有物件撤离,准备好适用的清洁器具和清洁剂,并拉警示线或树立警示牌,提醒行人注意安全。清洗时间通常在夜间23:00以后或下半夜,以不影响客人的活动为宜。潮湿天气不宜打蜡。

(1)推尘。除去地面浮尘。

(2)除去旧蜡。先用拖把将起蜡水均匀涂抹于待洗地面,再用洗地机擦洗。擦洗后应迅速用吸水机或拖把将起蜡溶液吸走。否则,地上溶液会很快变干,而且去除难度相当于重新起蜡。因此,若洗涤面积较大,可分区域起蜡。注意起蜡水不可过量使用,或停留时间过长以使其碱性破坏地面的颜色或溶液渗入使地面受损。旧蜡必须完全去除,可采用侧面对着光线查看法进行。若有斑迹,可使用清洁方式而不必再大面积去蜡,如用钢丝绒擦除墙角边陈蜡。地面旧蜡完全去除后,地面上仍留有一层薄薄的清洁剂,要用清水反复漂洗过地面后用吸水机或拖把吸走。从而为打蜡提供真正干净的地面。

(3)打蜡、抛光。大理石、花岗石地面所用的封蜡和面蜡应为水基蜡。待地面完全干透后(否则蜡上会出现水泡印,蜡面光泽度不好,容易起皮),用干净的棉拖或专用的落蜡工具将第一层蜡(封蜡)均匀涂于地面。操作中应避免前后动作,以免使蜡起泡,影响蜡面美观。最好使用压水器,挤压蜡拖,使蜡面薄而均匀;等蜡层风干20～30分钟后,用抛光机轻度打磨,使蜡面平滑牢固;等其完全干透(需4小时左右),再上第二层蜡(通常为面蜡);在第二层蜡干透(需4～8小时)后上第三层蜡并抛光(面蜡)。打蜡抛光过程中应注意:必须等第一层蜡完全干透后再上第二层。否则,可能使第一层蜡再浮化。轻则使地面色泽暗淡,严重时地面会起泡或变成粉状。刚上过蜡的地面不宜立即踩踏,最好在上完最后一层面蜡两小时后再让人行走。可能的话,最好过12小时再进行抛光。这样效果更好。地面打蜡后要防止水的溅滴或冲洗。日常情况只能用溶剂清洁剂。全部完成后一天左右,撤除防滑警示牌,家具物件复位。及时检查并清洁各种清洁器具,妥善存放以备用。

3. 晶面处理

打蜡对于石质地面有较好的保护作用,但对于沙砾、硬质鞋底等难以抵御,蜡层也会随着日常的清洁和磨损而消失。因此,大理石及花岗石地面在其未被磨损前进行晶面处理是一种较有效的保养方法,它弥补了普遍打蜡的不足,可使地面变得更平滑、光洁,对地面抵御坚硬物质的磨损、防止酸碱物质的侵蚀有很大的保护作用。晶面处理即通过机械将化学剂加热浓缩并压缩成结晶膜铺在地面上,这层透明的无色薄膜光亮、坚固,其处理程序是:

(1)先除去地面旧蜡并清洗干净,待地面完全干透。

(2)将选择好的晶面处理剂倒入处理机的相应装置内,开启机器。

(3)使处理剂均匀喷涂在地面上,而高速转动的钢丝垫迅即进行抛光,地面即很快形成一层透明薄膜牢固地附着在地面表层,约两小时后即可在上面行走。晶面处理时应注意:必须防止灰尘、沙砾进入工作场地;晶面处理剂在使用时须摇匀,如不小心洒在地面上,应迅速擦干净;生锈的钢丝垫不能使用;地面表层凹凸不平时,应先用特殊的钻石垫对不平处进行研磨和砂磨,待地面恢复平滑后再进行晶面处理。

四、任务实施

表 4-5　任务实施表

序号	实施步骤	实施内容	要求
1	除去地面浮尘	使用尘推除去地面浮尘	尘推使用方法
2	除去旧蜡	使用起蜡水和洗地机去除旧蜡	彻底
3	打蜡、抛光	使用专用的落蜡工具和抛光机进行打蜡、抛光	把握时间,注意保养过程的维护

五、任务评价

表 4-6　任务评价表

序号	评价内容	评价结果			
		优	良	合格	不合格
1	除去地面浮尘				
2	除去旧蜡				
3	打蜡、抛光				

项目二　常见家具的清洁保养

项目介绍

家具是公共区域组重点维护对象。在公共区域,家具既是供宾客休闲歇息的用具,也是美化环境、点缀景观的主要工具。本项目中,将介绍常见的饭店家具及其清洁保养的方法。

导入案例

梳妆凳钉子伤人

某宾馆住客朱女士向大堂副理诉说自己被客房里的梳妆凳"刺"到了:她刚坐下梳妆凳,臀部被凳上一个突出的钉子刺伤了,她用手摸了一下凳子,发现海绵层中有一尖钉突出在外。大堂副理听到这里,立即安排驻店医生陪同朱女士到附近医院注射破伤风针,自己则会同客房部经理去到客房查看凳子。凳子上果然有一个突出的铁钉,上面有一层海绵覆盖着,表面上看不出来但坐上去肯定得被钉子刺着。客房部经理立即让服务员换了凳子,并责成服务员将房内所有用品做一次全面检查。朱女士回房间后大堂副理立即带上大束鲜花、水果篮拜访并真诚致歉。朱女士虽受到皮肉之苦,但无大碍,又看到宾馆如此诚意,便表示理解不加追究。

(资料来源:范运铭.客房服务与管理案例选析.北京:旅游教育出版社,2005.)

思考:保养家具还需关注哪些细节?

任务1 常见家具材质的认知

一、任务描述

辨别不同材质的家具。

二、任务分析

要完成这个任务,必须对常见家具的材质比较熟悉。

三、相关知识

客房家具主要包括床、床头柜、咖啡桌(茶几)、沙发(圈椅)、写字台、琴凳、电视柜、行李柜、酒柜、衣柜等。入墙的客房家具如酒柜、衣柜、床头板等通常由装修公司在装饰客房时按客房空间大小、形状量身定做,其他活动家具则在客房开荒工作完成后布置进房间。家具按材质分可分为实木家具、板式家具、软件家具、不锈钢及玻璃家具、藤制家具等。

(一)实木家具

指由天然木材制成的家具,这样的家具表面一般都能看到木材美丽的花纹。家具制造者对于实木家具一般涂饰清漆或亚光漆等来表现木材的天然色泽和纹理。

实木家具可以分为两种:

1.纯实木家具

家具的所有用材都是实木,包括桌面、衣柜的门板、侧板等均采用实木制成,不使用其他任何形式的人造板,纯实木家具对工艺及材质要求很高。实木的选材、烘干、指接、拼缝等要求都很严格,如果哪一道工序把关不严,小则出现开裂、结合处松动等现象,大则整套家具变形,以致无法使用。由于南、北方的环境差异和实木家具(如黑鸡翅木)的特性,有的家具在到货后经过一段时间的摆放,会出现裂痕,这属正常现象,只要用原实木条进行补缝(补缝后看不出有什么区别),就能正常使用了。

2.仿实木家具

所谓仿实木家具,从外观上看似实木家具,木材的自然纹理、手感及色泽都和实木家具一模一样,但实际上是实木和人造板混用的家具,即侧板、顶、底、搁板等部件用薄木贴面的刨花板或中密度纤维板,门和抽屉则采用实木。这种工艺节约了木材,也降低了成本。

（二）板式家具

是以人造板材（中密度板、刨花板、细木工板等）为基材，表面以人造薄木皮或原木色皮、三聚氰胺板等作表面饰面的家具。板式家具的优点是板材成型、性能稳定不易变形，加工和运输都较为方便。

贴面有如下几种形式：

1. 原木皮贴面

常见木皮的色彩由浅到深，有樱桃木、枫木、白桦、红桦、柚木、黄花梨、紫檀等几种。制作中将实木切成约2毫米厚的木片，经特殊粘连，贴在家具表面，再经上漆、紫外线烘烤而成，特点为触摸光滑，用手指敲扣木板有厚实感，表面木纹清晰但不规则，在板块转角处可隐约看见1毫米左右的木皮，该类家具为贴面家具中的上品，一般售价稍贵。

2. 原木复合木皮

用不同颜色的原木皮一层层叠起来，经树脂高压胶合形成木方，再从剖面切片，形成一条条颜色不同、木种不同的新型木皮。

3. 原木色皮

该种家具相对来说便宜，一般价位为木贴面的2/3至1/2，但在使用中较易出现划伤、贴面卷起等现象。

4. 塑制贴面

这类贴面为石化产品，表面经专用印刷机印刷木纹和花饰，背面备胶，经过热压精密仪器胶贴而成。

5. 防火板贴面

防火板贴面耐磨且不怕烫，有木纹、素面、石纹或其他花饰，多用于板式工具、厨具等。

（三）软件家具

由框架加海绵、外包布或皮构成的家具，主要有沙发、琴凳、椅子和床。

（四）不锈钢及玻璃家具

以钢管、玻璃等材料为主体，并配以人造板等辅助材料制成的家具，具通透感和时代感。

（五）藤竹家具

以藤、竹等为基材编扎而成的家具。藤竹家具轻便、舒适，而且色彩雅致，造型独特，有一种淳朴自然的美感，颇受人们的青睐。但相对来讲，藤竹家具不如钢制、木制家具那么结实，用作饭店客房家具欠缺经济性，故藤竹家具多见于乡土特色饭店中。

四、任务准备

五种材质的家具各若干，各种板材样板若干。

五、任务实施

表 4-7　任务实施表

实施步骤	实施内容	要求
分析材质	根据家具材料的质地判断家具属于哪种材质	划分有依据

六、任务评价

表 4-8　任务评价表

评价内容	评价结果			
	优	良	合格	不合格
根据家具材料的质地判断家具属于哪种材质				

七、拓展知识

饭店类型决定饭店家具风格

常见饭店类型有度假型、观光型、商务型，设计公司根据其饭店主体风格定位客房固定家具及活动家具的风格。

商务型饭店产品多以商务功能为主，现代经典风格居多，因其多在市中心，房间面积小，家具以简洁现代风为主。

度假型饭店以接待休假的客人为主，多兴建在海滨、温泉、风景区附近。所以所配家具要考虑防潮湿、耐腐蚀的材料和休闲味道更浓郁的家具，比如藤编家具，户外铁艺家具，强调自然风。

观光型饭店主要为观光旅游者服务，所以多为有独特主题的饭店吸引来自世界各地的游客，这类饭店的家具配置依据原创饭店本身的设计配套进行。不能太过于大众化，其艺术性和本土性更强，容易给游客留下深刻的印象。

任务 2　木质家具的保养

一、任务描述

保养木质家具，给木质家具打蜡。

二、任务分析

要完成这个任务,必须掌握打蜡的程序和家具蜡的有关知识。

三、相关知识

木质家具的保养与清洁

客房中用的最多的家具是木质家具,如写字台、书桌等,木质家具质轻、强度较高、手感适中、纹理美观,构件之间的连接相对简单,所以在客房中得到广泛运用,但木质家具由于木材本身具有的特点,如容易变形、腐朽、易燃、质地结构不均匀,各方面强度不一致等,所以家具在使用时均应根据其特性,注意加以保养与清洁。

1. 防潮

木质家具受潮后容易变形、开胶和掉漆,因此家具放置一般要距墙 5~10cm,并要注意经常通风换气,如果室内长期不通风,特别是潮气较重的房间,家具易发霉、开裂和掉漆,平时要注意不要把受潮的物品,如毛巾、衣服等搭放在木质家具上,擦拭家具的抹布不能带水,只能用软质的干布轻轻擦拭,才能保证家具的光洁度。

2. 防水

清扫房间时,见到水迹要及时擦干,若粘上难以擦拭的污垢,可用抹布蘸少许多功能清洁剂或少许牙膏擦拭,然后用湿润的抹布去除。

3. 防热

木制家具受阳光暴晒容易收缩,所以应避免烈日暴晒。

4. 防虫蛀

壁柜、抽屉底层内宜放些防虫香或喷洒防虫剂,以防虫蛀。竹制家具常擦花椒水可以防止虫蛀。

5. 定期打蜡上光

使用时间较长的家具会失去光泽,因此必须定期打蜡上光,保养的办法是将油性家具蜡倒些在家具表面或布上擦拭一遍,15 分钟后重复一次,第一遍在家具表面形成一层保护层,第二遍即可达到上光的效果。

四、任务准备

木质家具(茶几、咖啡桌等)、家具蜡、抹布、细软绒布。

五、任务实施

表 4-9 任务实施表

序号	实施步骤	实施内容	要求
1	去浮尘污迹	使用抹布抹去表面浮尘	擦拭干净、不留灰尘

续表

序号	实施步骤	实施内容	要求
2	上蜡	用细软绒布喷上家具蜡后轻抹家具表面	均匀擦拭
3	抛光	反复擦拭、抛光	快速均匀擦拭

六、任务评价

表 4-10　任务评价表

序号	评价内容	评价结果			
		优	良	合格	不合格
1	去浮尘污迹				
2	上蜡				
3	抛光				

七、拓展知识

1. 床的清洁与保养

床架各部分的活动走轮和定向轮由于使用频繁，一旦出现脱落和破损，应及时报修和更换。

2. 床垫（席梦思）的保养与清洁方法

（1）加铺一床保护垫在床垫上，注意用松紧带将褥子固定在床垫上，否则褥子在铺床时容易滑动，给操作带来困难，褥子脏时更换即可。

（2）定期翻转床垫：视床垫使用状况和年限，每季度或半年翻转一次，使床垫各处压力和磨损相同，避免凹凸或倾斜。

（3）经常检查床垫弹簧的"固定钮"是否脱落，如果脱落，弹簧会移动，必须及时报修，否则床垫损坏，客人睡眠就会不舒服。

（4）若发现床垫四周边上有积尘，及时用小扫帚清除。

（5）在客房使用率低时，用吸尘器清洁床垫。

3. 沙发的保养与清洁

（1）沙发面层有污点时，及时用清洁剂去迹。

（2）经常翻转沙发坐垫，以保证坐垫受力均匀。

（3）经常对沙发吸尘，以保持其清洁。

（4）不能在沙发坐垫上踩跳，否则会损坏坐垫内的弹簧。

4. 皮制家具保养

一般保养只需使用干净柔软的布料轻轻擦拭即可，如果要清理长期使用所产生的污垢，最理想的方式为：

(1)使用温水稀释的中性清洁剂(1%~3%)先行擦拭；

(2)以拧干的清水抹布擦去清洁液；

(3)以干布擦亮,待全干后使用适量的皮革保养剂均匀擦拭即可。

模块巩固

1.在现实中,公共区域工作的重要性与PA员工受重视的程度恰恰成反比,试从饭店内部因素分析出现这种局面的原因以及根除这种现象的办法。

2.有些饭店的公共卫生间清洁员除了保洁外,还会为客人提供诸如递擦手纸、捶背、擦鞋等额外服务,但这些服务引起了争议,被指为是过度服务,你如何看待呢？

3.实训：擦铜器。

4.实训：刮玻璃。

5.找学校花工了解至少一种绿色植物的特性与养护方法。

6.办一期"除四害"专栏墙报。

模块五　客房服务质量提升

客房卫生清洁状况、客房部服务人员的服务态度是否热情以及服务项目是否完善,都会让客人对饭店印象有直接影响。客房服务质量是衡量整个饭店服务质量和饭店声誉的重要标志。本模块包括不同类型客人的接待、客房清洁质量控制两个项目。学生通过对本模块的学习,能提升对客服务水平。

学习目标

- 能根据不同类型客人的需求特点为他们提供针对性的服务。
- 能为 VIP 客人提供个性化服务。
- 能妥善处理客房服务与管理中的突发事件与常见问题。
- 描述客房清洁质量控制的方法。
- 能对已清洁客房进行全面检查。
- 能根据饭店实际情况进行计划卫生的安排与检查。

项目一　不同类型客人的接待

项目介绍

在饭店,根据客人的身份以及他们的需求特点,我们可将客人分为文体客人(代表团)、政府客人(代表团)、旅游客人(代表团)、商务客人(代表团)等类型。要让每一位客人感觉宾至如归,我们就需要向他们提供有针对性的服务。

导入案例

成功接待阿富汗总统

2006 年上海合作组织峰会期间,紫金山大饭店成功接待了阿富汗总统卡尔扎伊一行。出于对穆斯林宗教信仰的尊重,更是为了让贵宾在进入紫金山的第一时刻就充分感受家的氛围,饭店按照阿富汗的宗教及风俗进行了客房的布置。

阿富汗人对自己的宗教信仰十分虔诚,每天要面向麦加方位礼拜。为了确保方位的准确性,房务总监带领着管理人员进行测量,他们先用指南针测量了每一房间朝西的方向,然后根据这一方位在卧房的床头做了显著的方向标志牌。总统的卧房内,还专门准备了朝拜用的地毯,方便卡尔扎伊总统行使朝拜礼。总统的房间内还特别准备了两个铜制的烫平壶,这可是穆斯林的专用品。为了便于宾客能在准确的时间内朝准确的方向进行朝拜,还精心制作了英文版的朝拜时刻对照表摆放在床头。同时,为保证房间的空气清新度,还专门放置了空气清新机。

为了更多地凸显出穆斯林的布置特色,他们在总统套房餐厅内还摆上了一对刻有阿富汗文字的小花瓶、一套印有同样文字的茶壶以及两个阿富汗玉的茶叶罐等,在博古架上特意摆上了一副穆斯林最为尊敬的先知穆罕默德出生的麦加清真寺的金箔。阿富汗的国旗是红、绿、黑三种颜色,黑色在该国被视为高贵的色彩,因此客房的鲜花布置就以阿富汗贵宾偏好的色彩了。于是,一盆以黑色鲜花托底,绿叶为衬,间配白色绣花球,头顶飘有红色火焰的美丽插花出现在总统套房的餐桌上,总统见到后特别喜欢,赞不绝口。

为了表示对贵宾的尊重,此次提供客房服务的一律为男性服务员。6月14日中午时分,一阵阵"丁零零"的电话声传来,洗衣房经理放下手头的活儿,接起了电话。一番短暂的对答之后,他火速赶到了40楼,原来是阿富汗代表团一行要清洗和熨烫衣服。十几套西服必须在2小时之内洗烫完毕。正当他拿着几大包沉甸甸的洗衣袋回到洗衣房时,电话铃又响了起来,又有衣服要快速洗烫。就这样在接下去四小时的时间里,同样的电话一遍又一遍地响着,前前后后一共有14袋衣物被送进了洗衣房……

(资料来源:《饭店世界》2006年第5期)

思考:为了让宾客对饭店留下深刻的印象,我们如何针对有不同服务需求的客人,提供令客人满意的服务?

任务1 不同类型客人的接待

一、任务描述

根据文体客人(代表团)、政府客人(代表团)、旅游客人(代表团)、商务客人(代表团)的需求特点,提供定制化服务。

二、任务分析

完成本任务的关键在于要通过学生搜集资料、制订接待不同类型客人的计划,讨论决策后进行分析、归类、提炼和整理。

三、相关知识

(一)文体客人(代表团)的需求特点及服务方式

文艺代表团的成员对服饰非常讲究,因此他们要求洗衣服务多,而且要求质量高、速度快。他们的活动安排紧凑,常常晚间演出、白天休息,其生活习惯与其他客人不同,因此要求尽量避免与其他客人之间的相互干扰和影响。

体育代表团入住一般人数较多,行动非常统一,他们在参加比赛前一般要聚集在一起进行战术研究,因此需要有宽敞的、配备录像设备的会议室。另外,紧张的比赛会使他们特别需要一个安静、舒适的休息环境,这就需要服务员在工作中坚持"三轻",减少进入客房的次数,打扫房间要及时;同时还应配合饭店保安人员保护他们免受记者、"粉丝"的骚扰。

(二)政府客人(代表团)的需求特点及服务方式

1.需求特点

服务及接待标准要求很高,重视礼仪,店外活动比较多,店内活动比较少,服务要求一般由随行人员传达给饭店,且经常会出现一些即时需要,要求饭店尽快做出反应,安排妥当。

2.服务方式

住店期间不希望服务人员过多进入客房。对安全要求极高,任何隐患都应绝对避免,要求有高质量的个性化服务。

你知道吗?

2008年北京奥运会期间,为确保布什在北京奥运会期间的安全,美国联邦特勤局的工作人员提前几个月便开始在北京踩点。经过地形勘察和周密部署,特勤局最终将布什的奥运"行宫"选在了位于北京朝阳区的五星级饭店——金茂威斯汀饭店。而劳拉·布什夫人体验了她在北京金茂威斯汀大饭店4天的"焕彩之旅"后,订购了一张好评如潮的威斯汀天梦之床以及一整套舒适床具。

(资料来源:《网易》2008年7月31日)

(三)旅游客人(代表团)的需求特点及服务方式

1.需求特点

这类客人以游览为主要目的。日程安排紧凑、活动时间统一;店外活动较多,店内停留时间短。

2.服务方式

应根据其进出店时间,注意做好早晚服务工作。如早上叫醒服务要准时。

(四)商务客人(代表团)的需求特点及服务方式

1.需求特点

喜欢住在熟悉的饭店和曾住过的房间。对房间的设施设备要求很高,如先进的通信设备,完备的商务中心,注重隐私。同时,希望客房的布置有特色而非千篇一律。消费水平较高,对服务要求高,希望饭店提供快速、高效的个性化服务。

这类客人有公务在身,注重仪容仪表,常常要早出晚归;有的住客则在客房办公,住店时间一般较长。他们最怕打扰,工作时要求安静。来访客人较多。

2.服务方式

设置设备齐全的办公条件,包括宽大的办公桌、舒适的座椅、充足的种类齐全的文具用品、先进的通信设备(电脑、Internet接口),提供洗衣服务、美容美发服务、擦鞋服务等。

四、任务准备

学生事前做好资料搜集，提出不同类型客人的接待方案，并能找到相对应的案例以作例证。

五、任务实施

表 5-1　任务实施表

序号	实施步骤	实施内容	要求
1	搜集资料、制订计划	了解客情，能根据客人类型描述客人需求特点	
2	布置客房	根据客人需求特点布置客房	
3	提供服务	根据客人需求特点提供针对性服务	注意服务方式是否符合宾客需求
4	整理记录	做好客史档案	

六、任务评价

表 5-2　任务评价表

序号	评价内容	评价结果			
		优	良	合格	不合格
1	查阅资料，能准确描述不同类型客人的需求特点及服务方式				
2	能根据客人的需求特点布置个性化的客房				
3	能根据客人需求特点提供针对性服务				
4	能根据客人住店期间情况进行归纳总结，整理入客史档案				

七、拓展知识

长住客人的需求特点及服务方式

一般来说居住时间超过一个月的客人都称之为长住客人。他们大多为一些国内和国外商务客人。长住客人不仅将客房作为住宿场所，而且作为接待客人、办公、商务洽谈的场所，期望得到清洁、舒适、安静、安全以及热情周到的服务。

为长住客人服务，应注意以下几点：

（1）细心观察客人的生活习惯，熟知他们的房间、姓名、性格、爱好等。

（2）做好来访客人的接待工作。

（3）服务人员要相对稳定，以便客人熟悉，产生亲切感。

任务 2　VIP 客人的接待

一、任务描述

根据 VIP 客人的需求,能设计符合客人要求的客房布置,为其提供个性化服务,让 VIP 客人感受优质服务。

二、任务分析

完成本任务的关键在于要通过学生搜集资料、制订计划、讨论决策后并进行分析、归类、提炼和整理。

三、相关知识

VIP 服务知识

(一) VIP 服务的等级

VIP 一般分为三个等级:

A 等级:党和国家领导人,外国的总统、元首、首相、总理等。

B 等级:我国及外国的各部部长,世界著名的大公司董事长或总经理及各省、直辖市、自治区负责官员。

C 等级:

➢ 各地、市的主要党政官员

➢ 各省、直辖市、自治区旅游部门的负责官员

➢ 国内外文艺、新闻、体育等界的负责人或著名人士

➢ 国内外著名公司、企业及合资单位、外资企业的董事长或总经理

➢ 与饭店有重要协作关系的企业的厂长或总经理

➢ 饭店总经理要求按 VIP 规格接待的客人

你知道吗?

希尔顿荣誉客会

希尔顿荣誉客会有不同的会籍级别,入住希尔顿的客人入住后即可注册,可以获得更多住宿和积分。

VIP 银会籍=4 次住宿或 10 晚住宿;

VIP 金会籍=16 次住宿或 36 晚住宿或 60000 基本积分;

VIP 钻石会籍=28 次住宿或 60 晚住宿或 10 万基本积分。

他们可享受的特权有:快速登记入住、延迟退房申请、快速退房、平日免费报纸等。
(资料来源:酒店忠诚计划.21世纪网,2011-12-20.)

(二) VIP 接待服务程序

1.抵店前的准备

(1) 了解客情。客房服务员通过"贵宾接待通知单"了解客情,包括贵宾的姓名、国籍、职业、职务、年龄、禁忌、宗教信仰、生活习惯、客房种类及随行人员、接待单位、接待标准、付款方式、抵离店日期和时间以及客人的特殊要求等,以便客人到达时,能够称其名、道其职并按其生活习惯安排工作,进而提供个性化服务。

(2) 清理客房。客房应在贵宾抵达前1小时准备好,特殊身份的贵宾如政府首脑或部长以上的领导人等需要提前4小时或1天左右准备好。如果贵宾晚间抵达,还应提前做好夜床服务。

(3) 布置客房。贵宾等级不同,相应的客房内物品配备也不同。通常,鲜花、水果以及总经理名片等为必放物品。客房服务员应协助花房、客房送餐服务人员将相应添加物品放入该房。

(4) 查房。为确保万无一失,要严格检查客房。贵宾房清扫整理完毕后,需经领班、主管、客房部经理、前厅部经理或大堂副理等按规格标准层层检查,以便及时发现问题并予以纠正,在客房部经理检查符合标准后封闭客房,禁止无关人员出入。

2.贵宾住店期间服务

客房服务员能用姓或职务尊称客人,并主动问候。

在提供各项客房服务时应优先考虑贵宾房,务必在客人最方便时进行服务,以不打扰客人的休息和正常起居生活为原则。

在客人外出期间安排小整理服务并及时更换客人用过的卫生间棉织品。

配合保安部做好安全工作,如服务中注意为客人保密,不将房号告诉无关人员等,对特殊身份的访客更要谨慎,以确保贵宾的安全。

注意客人身体健康变化,发现客人身体不适或生病,要立即报告上级并请医生探访,在生活上应给予特别关照。

3.贵宾离店送行

前厅部在确认贵宾离店时间后,至少提前1小时通知楼层服务员。

客人离开房间或楼层时,应向客人道别,为客人按下电梯按钮,客人进入电梯后,祝客人一路平安并欢迎再次光临,等电梯门关闭并运行到下一楼层访客离开后,迅速检查客房,检查客房酒水使用情况以及客房设施设备有无损坏,若有设备损坏,应通过大堂副理给予处理。除非是重大损失,一般不要求赔偿,以免客人造成不良印象。检查客人有无遗留物品,如有应尽快归还客人。

四、任务准备

学生做好有关 VIP 客人入住饭店的新闻或案例的资料收集,并进行归纳。

五、任务实施

表5-3　任务实施表

序号	实施步骤	实施内容	要求
1	搜集资料、制订计划	了解客情，确认VIP的等级与类型	
2	布置客房	能根据客人需求特点布置客房	注意做好保密工作
3	提供服务	根据客人需求特点提供针对性服务	注意服务方式是否符合宾客需求
4	整理记录	做好客史档案	

六、任务评价

表5-4　任务评价表

序号	评价内容	评价结果			
		优	良	合格	不合格
1	能查阅资料，准确描述VIP客人的等级及需求特点				
2	能根据VIP客人的需求特点布置个性化的客房				
3	能根据VIP客人需求特点提供针对性服务				
4	能根据客人住店期间情况进行归纳总结，整理入客史档案				

七、拓展知识

私人管家服务

目前，世界上许多高档的饭店设立了"私人管家"，我国五星级的广东国际大饭店率先向海外客人推出了"私人管家服务"。私人管家是保姆，也是服务员，又是秘书，是饭店专门设置的为客人提供特殊服务的助理，专事料理客人的饮食起居，为客人排忧解难。客人进店，私人管家为他办理住宿登记，领客进房，端茶送巾，介绍情况。更重要的是客人住宿期间的外出交通、人事联络、商务活动、生活琐事，均由管家一手操办，直到送客人离店。在这里应该指出的是，"私人管家"这类个性服务绝不是普通服务员能胜任的，私人管家要懂外语，会调酒、烹饪、熨衣、用电脑、打字等各项服务工作，熟悉饭店的整套运作，还要具备公关能力、协调能力等,可谓"十八般武艺"样样精通。

由于私人管家的个性服务细致周到,体贴入微,深得客人信任,现在不少宾客都指定私人管家服务,而且许多重要的事情往往也交由管家去办。

你知道吗?

2006年7月,瑞典国王下榻广州花园饭店。为了给国王提供最贴心的服务,花园饭店安排了一个经验非常丰富的男管家随时待命为国王提供服务。据介绍,五星级饭店的"贴身管家"要求非常高,要在饭店工作3年以上,要有熟练的英语对话能力,还得是个"广州通"。

(资料来源:经典粤菜待客 瑞典国王早餐亲点老火靓汤.广州日报,2006-07-20.)

任务3 特殊情况的处理

一、任务描述

通过资料搜集、结合案例或在见习中遇到的问题,能灵活处理客房服务与管理中的突发事件。

二、任务分析

完成此项任务的关键在于能理论联系实际,灵活运用所学知识,把规范化的对客服务程序结合实际情况,能灵活处理突发事件。

三、相关知识

(一)残疾客人服务

此类客人是身体某一部分完全或部分丧失其功能作用,如肢残客人、盲人、聋哑人等。在客房服务中应根据残疾客人行动不便、生活自理能力差等特点,予以特别的照料。在服务中应注意以下几点:

(1)如饭店有残疾人专用房间的话,应尽量给客人提供此类客房。

(2)在客人进店前,根据前厅等部门提供的资料了解客人的姓名、残疾的表现、生活特点、有无家人陪同及特殊要求等,做好相应的准备工作。

(3)在客人抵店时,梯口迎接,问候客人并主动帮助提拿行李等物品。

(4)仔细地向客人介绍房内设施设备和配备物品,帮助客人熟悉房内环境,对盲人和视力不佳的客人,这点尤其重要。

(5)在客人住店期间,对其进出应特别关注,并适时予以帮助,如搀扶进出电梯、客房,提醒客人注意安全等。当客人离开楼层到饭店其他区域时,应及时通知相关部门有关人员给予适当的照料。

(6)主动询问客人是否需要客房送餐服务,并配合餐饮服务人员做好服务工作。

（7）应尽力承办客人委托事项,通过有关部门的协作及时完成并有回复,使残疾客人住店期间倍感方便、愉快。如客人需代寄邮件、修理物品等,要及时通知大厅服务处为客人办理,提供让客人满意的服务。

（8）对残疾客人的服务应主动热情、耐心周到、针对性强,并且照顾到客人的自尊心,对客人的残疾原因不询问、不打听,避免言语不当而使客人不愉快。

（9）当客人离店时,服务人员应主动征询客人的意见和要求,并通知行李员帮助客人提拿行李,送客人进入电梯后方可离开。

(二)病客服务

由于旅客来到这个陌生的地方可能因气候或水土不服而患病,作为与住客较接近的客房服务员若发现住客生病,必须报告领班并写下记录,同时做好服务工作。

1. 病客服务程序

（1）发现住店客人生病要表示关怀并主动帮助。

（2）礼貌地询问客人病情,了解病因,若客人表示确有些不舒服或说出病情,服务员应提醒客人,饭店有医务室或驻店医生服务。

（3）对在房内卧病的客人,应将纸巾、热水瓶及垃圾桶放置于床边,加送热毛巾。

（4）适时借服务之机进入客房观察并询问客人有无特殊需求。建议并协助客人与就近的亲朋好友取得联系,提醒客人按时服药,推荐适合客人的食品。

（5）随时留意房内动静。并报告领班或主管,将客人的房号和生病概况记录在"服务员工作日报表"上。

（6）客房部管理人员亲自慰问病客,并送鲜花、水果等给病人,以表示饭店对他的关怀。

2. 病客服务应注意的事项

（1）如遇上旅客患上重病或急症,应立刻通知大堂经理及值班经理,把患病客人送到附近医院治疗,未到医院之前由驻店医生进行急救处理。

（2）若发现客人休克或有其他危险情况时,应立即通知上级采取相应措施,不得随便搬动客人,以免发生意外,因为脑溢血、心脏病等病人是不能随便移动的。

（3）若有客人要求服务员代买药品,服务员首先应婉言向客人说明不能代买药品,并推荐饭店内的医务室,劝客人前去就诊;若客人不想看病,坚持让服务员代买药品,服务员应及时通知大堂副理,并由其通知驻店医生到客人房间,由医生决定是否从医务室为客人取药。

（4）在日常对病客的照料中,服务员只需做好必要的准备工作即可离去,不得长时间留在病客房间,病客若有需要可电话联系。

（5）若发现客人有传染病时,应做到:关心安慰客人,稳定客人情绪;请驻店医生去为其诊断;确认后将客人转到医院治疗;客人住过的房间应请防疫部门进行消毒;彻底清洁客房,客人用过的棉制品及一次性用品应当销毁。

(三)醉客服务

饭店中的醉客问题经常发生,而其处理方法也因人而异,有时非常困难,一般应视醉客情绪,适时劝导,令其安静,部分醉客会大吵大闹或破坏家具,遇人就打,有些还会随地乱吐

或不省人事等,应按其特征和情节轻重,分别处理,服务员遇上这样的问题时应当:

1. 核实醉酒客人

在楼层遇到醉酒客人,需核实其身份。如果证实是外来游荡的客人,应请其离开,通知保安部人员将醉客带离楼层,尽量了解其身份并通知家属。若是住店客则应安置醉客回房休息。

2. 视客人醉酒程度给予适当的服务

(1)若客人饮酒过量但尚清醒,则应扶客人上床。征求客人同意后,泡一杯白开水或红糖水,帮助客人醒酒。将纸篓、面巾纸、开水、漱口水放在客人床边,以防客人呕吐,如呕吐过,对地面要及时处理。安顿好客人后,要经常注意房内动静以免家具受到毁损或因吸烟而发生火灾。

(2)对因醉酒而大吵大闹的客人,在不影响其他客人的情况下一般不予以干涉;但若发现客人因神志不清而有破坏行为,则应通知保安部、大堂副理。如造成物品损坏,应做好记录,等客人酒醒后按规定赔偿。

(3)若遇到客人倒地不省人事和有发生意外的迹象,如酒精中毒,应及时通知大堂副理,同时通知医务室医生前来检查,以保证客人的安全。

(4)发现客人在房内不断饮酒时,客房服务员便应特别注意该房客人动态,并通知领班,在适当情况下,与当班其他服务人员或领班借机进房查看,千万不可独自进房及帮助客人宽衣解扣,避免产生不必要的误会及不可知后果。

(5)对醉客纠缠不休要保持机警,必要时协助保安人员将其制服,以防干扰其他住客或伤害自己。

(6)在日报表上填写醉酒客人房号、客人状况及处理措施。

(四)特殊情况处理

1. 客人携带违禁物品进房

(1)违禁物品包括:武器(匕首、气枪等),易燃、易爆物品,兴奋剂、放射性物品或有刺激性气味的物品,带有不健康的书报、杂志。

(2)处理方法:

①服务员在清洁或服务过程中如果发现有违禁物品,须详细记录并及时上报,必要时请保安部出面处理。

②不得私自翻动客人的违禁物品,客人遗留的违禁物品严禁私自处理,更不准延时上交、上报。

2. 客人携带宠物进房

服务员发现客房内有客人私自带入的宠物时,不可直接指责客人,须礼貌提醒客人注意饭店有关规定,并记录其情况报告领班;如客人一天内仍没做出处理时,须报请大堂副理进行处理。

3. 客人遗失物品处理

(1)在房间内遗失物品的处理。

①马上向领班汇报;及时安慰客人,并帮助客人回忆丢失物品的可能过程。

②查询电脑,掌握客人资料及开门记录,如无电脑开门记录,则检查服务员清洁报告上进出房时间。

③大堂副理和保安员一起查看门锁,判断门锁是否有问题或查看被盗房间迹象,并填写一份遗失报告。

④询问客人是否有任何线索可提供,如有无到过其他地方,有无收拾行李,有没有人来访过,有没有可能无意中遗失到什么地方等。

⑤征求客人是否愿意饭店人员帮他在房内寻找。如果客人同意,大堂副理、保安主管、楼层领班一起当客人的面在房内查找。

⑥如果客人财物不能找到,询问客人是否愿意报警,如果客人同意,让保安人员陪同客人到最近的派出所报案。

⑦如果客人在房内遗失的是信用卡、护照或机票,由大堂副理帮助与有关机构联系报失。

⑧如果经多方查找仍没结果,又无被盗迹象,则饭店无须向客人赔偿,但应向客人表示同情并作耐心解释,请客人留下地址、电话以便联系。

⑨如果客人提出赔偿,要向客人解释我们客房内设有单独使用的保险柜,前厅设有贵重物品保管,饭店不对任何在客房内遗失的财物做出赔偿。

⑩做好记录以备后查。

(2)在饭店公共区域遗失物品的处理。

①打电话去客房部查看是否已经有人上交了所报失的财物;

②通知保安部协助,同客人一起再去客人可能丢失财物的地方寻找;

③若饭店员工在公共区域拾到任何物品必须马上交到大堂副理处,并在保安员的见证下共同记录有关物品的详细特征、拾获者姓名、工号,然后把物品交到客房部编号保管;

④如果没能找到客人的报失物品,必须记下客人的详细资料,如姓名、联系方式,以便日后发现该物时跟客人联系;

⑤饭店不承诺赔偿客人在公区遗失的任何财物;

⑥把整个事件记录在记录本上备查。

四、任务准备

(1)资料搜集;

(2)案例搜集。

五、任务实施

表5-5 任务实施表

序号	实施步骤	实施内容	要求
1	了解情况	根据实际情况向宾客进行咨询: (1)客人信息 (2)客人特殊要求	

续表

序号	实施步骤	实施内容	要求
2	协调反馈	(1)能与部门同事共同配合 (2)会及时向上级反馈有关信息	
3	处理问题	有针对性地根据客人实际情况处理问题	注意服务项目是否收费
4	跟进	了解客人满意程度	
5	记录	做好相应记录	部分内容记入客史档案

六、任务评价

表5-6 任务评价表

序号	评价内容	评价结果			
		优	良	合格	不合格
1	能清楚了解客人信息及要求				
2	能较好地与同事共同协作配合				
3	能及时向上级反馈				
4	有针对性地根据客人实际情况处理问题				
5	能描述回访工作的方法				
6	能做好相应记录				

七、拓展知识

饭店打鼾巡逻队

入住饭店时,半夜三更被隔壁那位鼾声如雷的客人吵醒可不是什么让人愉快的事,特别是当你本身就睡眠不佳的时候。但好在,这一状况在英国的一些饭店就要有所改观了。

据美国雅虎新闻网报道,一些国际连锁饭店深谙客人的烦恼,像皇冠假日饭店在这个月就新推出了"打鼾巡逻队"服务,专门对那些鼾声如雷的客人进行提醒,以便为其他客人提供一个安静的睡眠环境。

据了解,饭店还划出了专门的"静音"区域,由专门的服务人员在走廊里来回"听鼾"。如果哪个房间的客人睡得太过投入,鼾声传到了走廊,那对不起,巡逻队员就要敲他的门了。

如果巡逻队员提醒再三,这名客人仍然鼾声不止,饭店就会将他记录在案,下次入住时这位客人就不能再申请进入静音区,而只能在普通客房区入住了。然而这样一来,打鼾的客人也很委屈,自己又不是成心的,为什么总被人从梦中叫醒呢。对此,饭店在欧洲和中东的一些地方推出了专门的打鼾专用客房。这些客房除了具有专门的隔音设备外,还配备了防鼾枕头等高科技产品。那些鼾声太大又难以改正的客人申请了这些房间,就可以尽情睡眠了。

阿布扎比顶级饭店推出金条自动贩售机

阿布扎比的顶级饭店推出销售金条的自动贩售机,再次迎合了这一地区的奢华风气。这种外形酷似自动提款机的机器位于酋长国宫殿饭店内,它能提供每天最新的国际金价和重达10克的小金条或者顾客自己设计的金币。

而这种能以现金购买黄金的自动贩售机2009年最早出现在德国。

阿布扎比八星饭店最为骄傲的口号是:"满足你的一切愿望,实现你当国王的梦想。"除了目不暇接的奢华,饭店内号称来自二十二世纪的高科技设施,更是实现了神话般的梦幻享受。入住的每一位顾客,首先会领到一个价值高达2500美元的掌上电脑。从这一刻起,你就仿佛拥有了一个阿拉丁神灯式的仆人。通过这台小巧的电脑,可以连接电视或音响,还可以设定所有客房服务或召唤服务员。除此之外,所有房间都配备了50寸或61寸的交互式等离子电视。客人能通过触摸屏来控制房间内的所有设施,甚至足不出户,就能购买饭店商场里的东西。

(资料来源:《搜狐旅游》2011.12.13)

项目二　客房清洁质量控制

项目介绍

客房清洁保养工作是客房部的中心任务,这项工作做得好坏直接影响饭店的主要产品——客房质量。因此,客房部必须加强对客房清洁保养工作的质量控制。

导入案例

国外一位舞蹈演员K女士来我国内地探亲后,准备很快从某大口岸城市出境回国。当她到某家饭店办好住宿手续,被领进客房时,发现房间并未打扫好,于是把行李放下,到航空公司拿飞机票并去商场购买纪念品,直到晚上才回来。看到床上的被单和浴室里的浴巾已换上干净的,但地板、废纸篓、烟灰缸还没有清扫整理干净,她本想叫服务员来补课,但感到时间已不早,人也疲倦了,于是熄灯入睡了。

第二天清晨,她刚醒来,朦胧地感觉有人在房间内拖地板,但马上又翻身入睡。不知过了多少时间,忽然听见有人敲门。她匆忙披衣起来,没有立稳就急忙去开门,由于地板擦好的蜡尚未干,使她一下子滑倒在地,脚后跟摔扭了一下,感到很疼痛。

经过服务员向经理室汇报后,客房部经理来到客房向K女士口头作了慰问和道歉,并同意请一位医生来为她检查治疗。

此时K女士感到不满意。她进一步提出申诉索赔说:"如果医生检查后发觉伤势严重,无法走动,一切住院医疗费用应由你店负责。此外,我原本决定在后天回国,如果因受伤而不能演出的话,一切经济损失也要由你店负责赔偿!"客房部经理这下子傻眼了,手足不知所措。总算是不幸中之大幸,医生检查后说幸好没有引起骨折……

(资料来源:同程网,2009-10-31.)

思考:从这起事故中应该引起店方深思的是什么呢?

任务1 客房清洁质量的检查

一、任务描述

通过模拟客房清洁卫生检查,领会客房清洁质量控制方法。

二、任务分析

完成此项任务可采取模拟检查客房实训室的方式。

三、相关知识

(一)客房清洁卫生质量的标准

客房清洁卫生质量标准包括:

1. 视觉标准

指客人和员工、管理者凭借视觉或嗅觉能感受到的标准(如灰尘、污迹、异味等),但由于个体的感受不同,标准只是停留在表面。

2. 生化标准

是由专业防疫人员进行专业仪器采样与检测的标准,所包含的内容有洗涤消毒标准、空气卫生质量标准、微小气候质量标准、采光照明质量标准及其环境噪声允许值标准等。生化标准是客房清洁卫生质量更深层次的衡量标准。

(二)建立逐级检查制度

客房的逐级检查制度主要是指对客房的清洁卫生质量实行服务员自查、领班全面检查和管理人抽查的逐级检查制度。这是确保客房清洁质量的有效方法。

1. 服务员自查

服务员每整理完一间客房,应对客房的清洁卫生状况、物品的布置和设备的完好等做自我检查。这在服务员客房清扫程序中要予以规定。通过自查,可以加强员工的工作责任心和服务质量意识,以提高客房的合格率,同时也可能减轻领班的查房工作量。

2. 领班全面检查

服务员整理好客房并自查完毕,由楼层领班对所负责区域内的每间客房进行全面检查,并保证质量合格。领班查房是服务员自查之后的第一道关,往往也是最后一道关,是客房清洁卫生质量控制的关键。因为领班负责OK房的报告,总台据此就可以将该客房向客人出租。所以领班的责任重大,必须由工作责任心强、业务熟练的员工来担任。一般情况下,楼层领班应是专职负责楼层客房的检查和协调工作,以加强领班的监督职能,防止检查流于形式。

通常,领班每天检查房间的数量为100%,即对其所负责的全部房间进行检查,并填写"客房部领班查房表"。但有的饭店领班负责的工作区域较大,工作量较重,每天至少应检查90%以上的房间,一般可以对住客房或优秀员工所负责的房间进行抽查。

领班查房时如发现问题,要及时记录并加以解决。对不合格的项目,应开出做房返工单,令服务员返工,直到达到质量标准。对于业务尚不熟练的服务员,领班查房时要给予帮助和指导,这种检查实际就是一种岗位培训。

表 5-7 客房部领班查房表

	房号											
	服务员											
	检查时间											
房间卫生	1.门、锁、链											
	2.灯、开关											
	3.天花板											
	4.木制品											
	5.窗帘与金属构件											
	6.窗											
	7.空调调节装置											
	8.电话机											
	9.床头板											
	10.床											
	11.梳妆台、床头柜											
	12.台灯											
	13.椅子、沙发											
	14.地毯											
	15.镜子											
	16.壁橱											

续表

卫生间	17. 门								
	18. 灯、开关								
	19. 墙、天花板								
	20. 镜子								
	21. 洗脸台								
	22. 浴缸								
	23. 沐浴喷头								
	24. 马桶								
	25. 四巾								
	26. 易耗品								
维修项目									
备注									
领班签名									

3. 管理人员抽查

管理人员抽查主要指主管抽查和经理抽查。在设置主管职位的饭店中,主管主要是客房清洁卫生任务的主要指挥者,加强服务现场的督导和检查,是其主要职责之一。主管抽查客房的数量,一般为领班查房数的 10% 以上。主管检查的重点是每间 VIP 房,抽查长住房、OK 房、住客房和计划卫生的大清扫房。还要检查维修房,促使其尽快投入使用。主管查房也是对领班的一种监督和考查。

经理级以上的管理者的工作重心不是检查控制服务质量,也可以抽出适当的时间对客房产品的质量进行检查。如果经理级以上的管理者检查客房,那检查会很细致,项目会更全面,这种检查俗称"白手套式的检查"。

你知道吗?

你住的酒店房间有多脏?

一项关于酒店房间的研究显示,电视遥控器是受细菌污染最严重的物品之一,而客房服务的手推车上的物品则可能会造成不同房间之间交叉污染。美国休斯敦大学研究人员在 2012 年 6 月 16 日至 19 日于旧金山举行的美国微生物学会(ASM)大会上对此作了报告。

研究者认为,"酒店的经营者有责任向他们的客人提供一个安全可靠的环境。目前,客房服务的做法因品牌而异,这与全行业没有统一的标准也有关系。目前,检验酒店客房清洁度的方法都是通过视觉上的评估,但这类方法已经被证明对卫生等级的衡量是无效的"。

研究者表示,"目前,客房部每8小时轮班清理14间至16间客房,每个房间约花费30分钟。确定酒店房间中的高风险物品可以帮助客房部重新制定清洗方式和分配时间,这可以有效地减少在酒店房间中微生物污染所造成的潜在风险"。

休斯敦大学、普渡大学和南卡罗来纳大学的研究人员在美国得克萨斯州、印第安纳州和南卡罗来纳州的各个酒店客房进行了采样。他们测试了需氧细菌和大肠杆菌(来自排泄物的)总污染水平,污染最严重的样本来自包括厕所和浴室水槽这些可以预想的地方,但在电视遥控器和床头灯开关上也发现了细菌高度污染。最引人关注的是,一些最严重的污染来自客房服务的手推车上,那些海绵和拖把构成了房间之间交叉污染的风险。研究人员还不能断言检测到的细菌是否致病,但细菌污染程度仍是整体清洁度的可靠标准。

这项研究只是初步的,样本量有限,其中每个州只抽取了三个房间,而每个房间只抽取了19块表面,研究者之一、休斯敦大学本科生凯蒂·基尔希(Katie Kirsch)表示,她希望她的研究是一个开始,未来能有出现大量相关研究为酒店的客服部提供有效的科学依据。

基尔希说:"从这项研究得出的信息可以帮助酒店主动减少来自酒店房间表面的潜在危害,并为更有效和高效的内务管理措施的发展提供了依据。"

(资料来源:《搜狐旅游》2012年6月25日)

四、任务准备

(1)客房模拟实训室;
(2)客房清洁检查表、抹布、钥匙。

五、任务实施

表5-8 任务实施表

序号	实施步骤	实施内容	要求
1	获取信息	与客房服务员确认可以检查清洁质量的客房	
2	进入客房	注意房态,按程序进入客房	
3	检查房间卫生	(1)检查铺床质量 (2)检查物品补给情况 (3)检查小酒吧酒水消耗情况 (4)检查地面卫生状况	
4	检查洗手间卫生	(1)检查三缸清洗情况 (2)检查布草补给情况	
5	做好记录	检查如果没有问题,可以向前台放房	如果遇质量问题需要通知员工返工

六、任务评价

表 5-9 任务评价表

序号	评价内容	评价结果			
		优	良	合格	不合格
1	会与客房服务员沟通,确认可以检查清洁卫生的客房,并能合理安排查房顺序				
2	能注意房态,按程序进入客房				
3	能按要求检查铺床质量				
4	能按要求检查物品补给情况				
5	能按要求检查小酒吧酒水消耗情况				
6	能按要求检查地面卫生状况				
7	能按要求检查三缸清洗情况				
8	能按要求检查布草补给情况				
9	如果检查有质量问题,会正确填写返工单,并能有效与客房服务员进行沟通				
10	检查无问题后,能与前厅部沟通及时更改房态信息				

七、拓展知识

表 5-10 客房领班查房流程

工作程序	相应标准
了解房态	查看客房员工完成情况,结合当日房态,安排检查客房的顺序,及时检查走客房以便及时将客房卖出;若住客房客人返回房间,不应进入客房
进房	1.手指轻敲房门 3 次,间隔时间 2 秒,同时报:"您好,客房服务员" 2.如房内无人回答,方可开锁 3.开锁后,打开房门 30°,同时报:"客房服务员" 4.确认无人后,方可打开房门 5.在查房工作表上写下进房时间

续表

工作程序		相应标准
检查房间卫生	进房印象	1.检查房间整体感官印象是否良好 2.遮光窗帘是否打开,纱窗帘是否关闭;窗帘拉合是否正常 3.家具是否摆放正确,摆放端正 4.床铺是否平整、匀称 5.墙纸是否破损、有污渍 6.房间若有异味,及时进行通风工作
	房门	1.回门器是否正常,门柜是否完好 2.门把是否松动,门眼是否完好;防盗扣有无损坏,有无灰尘 3.防火疏散图是否完好清晰 4.整理房间牌、送餐牌、请勿打扰牌有无折皱、污迹、划痕 5.门内外、门顶、门框、门把处是否清洁无积尘
	壁柜	1.拉门开合是否正常;衣柜灯是否完好 2.衣架数量是否正确,摆放是否准确 3.睡衣、鞋托、擦鞋纸、洗衣袋、干湿洗衣单数量及摆放是否正确,有无污迹,有无破损 4.鞋篮内外是否清洁 5.壁柜内外各处是否清洁无尘 6.小保险箱是否上锁
	垃圾桶	1.垃圾桶内外是否清洁无脏物,垃圾袋是否更换 2.垃圾桶摆放是否符合标准
	小酒吧	1.检查品种与数量 2.杯具是否完好,其数量、卫生及摆放是否符合要求 3.冰箱内外是否清洁无异味,是否已化霜 4.冰箱刻度是否符合标准,调试到规定刻度
	行李柜	行李架或行李柜内无污渍、灰尘
	写字台	1.台灯有无损坏,是否清洁无尘,摆放是否正确 2.烟灰缸有无破损,是否清洁无尘,火柴是否更换,摆放是否符合标准 3.写字台内外、抽屉是否清洁,琴凳是否完好清洁 4.写字台上方镜面是否光亮无迹印 5.服务夹内物品数量、摆放是否标准

续表

工作程序		相 应 标 准
	茶几	茶几是否完好无损,是否清洁无尘;烟灰缸有无破损;是否清洁无尘,火柴是否更换,摆放是否正确
	床	1.床单、枕套是否更换,是否清洁、无污、无毛发、无褶皱 2.床铺是否平整、美观、有棱角,各处长短尺寸是否符合标准 3.床架是否平衡无晃动 4.床头板是否清洁无尘
	床头柜	1.床头、脚灯是否工作正常,清洁无尘 2.控制板是否正常工作 3.电话是否正常,是否清洁无尘,摆放是符合标准 4.环保卡、禁烟卡、便签、铅笔的数量及摆放是否符合标准
	电视机	1.电视柜门拉合是否正常,内外是否清洁无尘 2.电视机是否工作正常 3.电视机屏幕及各处是否光亮无尘 4.电视各频道图像是否清晰,是否在饭店频道,并适当调试
	空调	1.开关是否灵活完好,开关板是否清洁无尘 2.出风口是否清洁无尘
	地毯	1.地毯各处(包括床下、柜下、墙边)吸尘是否仔细彻底 2.地毯表面有无污渍、破损
检查卫生间	门	1.门与门框是否成30度角 2.门框是否完好无损,门把有无松动 3.门内外、门框、门顶、门把各处是否无尘
	灯	灯具内外是否清洁无尘;灯具是否完好无损
	天花板、镜子、吹风	1.天花板是否松动脱落或不平整 2.排气扇工作是否正常,无噪声,无灰尘 3.大镜是否完好无损 4.镜面是否光洁无迹印 5.吹风表面是否清洁无尘;使用是否正常,吹风筒有无破损

续表

工作程序		相 应 标 准
检查卫生间	面盆	1.面盆及大理石台面有无破损,水龙头开关及水流量是否正常 2.面盆及台面是否干净无尘、无污渍、无毛发,是否光亮无迹印 3.口杯、香皂、小方巾、毛巾是否更换,有无破损,摆放是否符合标准 4.各类消耗品的数量摆放是否符合标准 5.面盆是否已消毒
	浴缸	1.检查浴缸、五金件有无破损,水龙头、淋浴喷头开关是否正常,有无松动现象,水流量是否正常 2.浴缸是否清洁无尘、无水迹、无污渍、无毛发 3.毛巾拉环、晾衣绳、浴巾架有无松动破损,是否光亮无迹印 4.浴帘挂钩有无脱落和钩环断掉,浴帘及杆是否清洁无污渍、毛发及水迹 5.五巾是否更换,数量、摆放是否符合标准 6.浴缸是否已消毒
	恭桶	1.桶盖是否松动、裂缝,恭桶内外及水箱有无破损,是否清洁无迹印 2.冲水是否工作正常 3.恭桶是否已消毒
	墙面	1.墙面有无破损 2.墙面是否清洁无尘、无水迹、无污渍、无毛发
	地面	1.地漏是否干净,漏水是否通畅,无异味 2.体重秤是否完好、干净、无水迹、无污迹 3.毛巾筐是否破损、无污迹 4.地面是否无破损、无水迹、无污迹、无毛发
出房、填写验房工作单		1.关闭房灯 2.取出钥匙牌,关好房门 3.填写验房工作单,包括出房时间及存在的卫生质量问题,并记录有破损的设施设备,及时询问台班是否已报修
通知返工		通知负责该房卫生的清扫员记下卫生质量不合格处,督促清扫员及时返工,检查返工后的卫生质量

资料来源:百度文库。

任务 2　计划卫生的安排与检查

一、任务描述

合理安排计划卫生,不仅省时、省力、效果好,还能有效地延长客房设备和用品的使用寿命。通过描述计划卫生的内容,能尝试做出计划卫生的安排表,并根据安排进行检查。

二、任务分析

要完成本项任务,首先需要了解计划卫生的分类、项目内容,其次通过小组合作,讨论提出计划工作的安排,并设计检查方案,接着可以通过讨论确认计划卫生的安排与管理工作。

三、相关知识

计划卫生的安排和检查

计划卫生涉及范围广,又因其性质特殊,主要是一些平时不容易做得到的项目,如高空、室外作业等,所以计划卫生的实施带有一定的危险性,有必要加强管理。

(一)计划卫生的安排

表 5-11　计划卫生项目及时间安排表

每天	3 天	5 天
1.清洁地毯、墙纸污渍 2.清洁冰箱,扫灯罩尘 3.(空房)放水	1.地漏喷药(长住逢五) 2.用玻璃清洁剂清洁阳台、房间窗玻璃和卫生间镜子 3.用鸡毛掸清洁壁画	1.清洁卫生间抽风机(味)机罩 2.清洁(水洗)吸尘器真空器保护罩 3.清洁卫生间虹吸水箱、磨洗地面
10 天	15 天	20 天
1.空房马桶水箱虹吸 2.清洁走廊出风口 3.清洁卫生间抽风主机网	1.清洁热水器、洗杯机 2.冰箱除霜 3.酒精球清洁电话机 4.清洁空调出风口、百叶窗	1.清洁房间回风过滤网 2.用 Brasse 擦铜水擦铜家具、烟灰缸、房间指示牌

续表

25 天	30 天	一季度
1.清洁制冰机 2.清洁阳台地板和阳台内侧喷塑面 3.墙纸、遮光帘吸尘	1.翻床垫 2.抹拭消防水龙带和喷水枪及胶管	1.干洗地毯、沙发、床头板 2.干(湿)洗毛毯 3.吸尘器加油
半年	一年	
清洁窗纱、灯罩、床罩、保护垫	1.清洁遮光布 2.红木家具打蜡 3.湿洗地毯(第2、3项由保养班负责完成)	

(二)计划卫生的检查

客房部拟订好客房的计划卫生后,应做好以下计划卫生的落实和检查工作:

(1)将客房的周期性清洁卫生计划表贴在楼层工作间的告示栏内或门背后。楼层领班还可让服务员在客房报告表上每天写上计划卫生的项目,以便督促服务员完成当天的计划卫生任务。

(2)服务员每完成一个项目或房间后即填上完成的日期和本人的签名。

(3)领班等根据此表予以检查并记录分数,以保证质量。

(4)客房服务中心根据各楼层计划卫生的完成情况绘制柱形图,显示各楼层状况,以引起各楼层和客房部管理人员的重视。

表 5-12　计划卫生房间项目检查表

房间项目	完成情况
门(面、框、锁眼、房号、把手、窥视镜、防火通道图)无积灰和污渍	
门碰头无积灰	
鞋篓、小酒篓无灰尘	
过道顶板无灰尘	
新风口无灰尘	
冰箱柜内外无积灰和杂物	
组合柜抽屉内外无积灰和杂物	
电视机座转座及转盘无积灰	

续表

房间项目	完成情况
窗玻璃、窗帘无灰尘污渍	
垃圾桶内外无污垢、斑迹	
茶具、茶叶缸底部无污垢、斑迹	
家具缝、沙发缝内无积灰和杂物	
地毯边缘（含家具四周）无积灰	
墙纸、地毯无斑迹	
床底无灰尘、杂物	
窗帘整齐、不脱钩，床脚无积灰	
壁橱顶无积灰	

四、任务准备

（1）相关书籍；
（2）电子资源；
（3）电脑或纸、笔、尺子等。

五、任务实施

表5-13 任务实施表

序号	实施步骤	实施内容	要求
1	获取信息	通过书籍、网络、交流等各种方式，获取计划卫生的分类及项目内容	
2	提出方案	尝试对计划卫生工作作出安排，并设计检查方案	小组讨论、集思广益
3	确定方案	通过对比、分析、讨论，确定计划卫生工作的安排方案、检查方案	
4	检查方案	联系实际，考虑方案可行性与不足之处	
5	小结	总结完成工作情况和小组合作情况等	

六、任务评价

表 5-14 任务评价表

序号	内容	评价结果			
		优	良	合格	不合格
1	认真负责				
2	分工合理				
3	团队协作				
4	语言表达能力				
5	沟通协调能力				
6	任务完成速度				
7	任务完成质量				
	其他				

七、拓展知识

计划卫生管理中的安全问题

客房的计划卫生中,有不少是需要高空作业的项目,如通风口、玻璃窗、天花板等。因此,清扫天花板、墙角、通风口、窗帘盒或其他高处物体,要用脚手架或凳子;站在窗台上擦外层玻璃要系好安全带,处处注意安全,防止事故发生。

【案例】

做计划卫生的意外

某饭店外墙大理石墙面需每月定期清洗,该饭店将其承包给专业清洗外墙的公司作业。在一次清洗过程中,发生了事故,架设在屋顶墙上的支臂脱落,吊车自五层楼的高处坠落地面,恰巧有一名学生在走廊边等候公共汽车,被坠落的吊车击中,当场死亡。另一高中学生恰巧路过,虽只轻微伤到脚趾,但也颇受惊吓。在吊车上还有该清洁公司的老板当场死亡,另一工人双腿折断,造成一起严重的公共安全事故。因饭店的清洁工作是由一家清洁公司承揽,该公司再将外墙清洗部分转包给另一家专洗外墙的公司,所以该清洁公司应承担全部责任,饭店仅是站在道义的立场。但事件发生在饭店,总是管理上的问题,所以应该检讨的地方很多。据事后了解,该清洗外墙的清洁公司仅有一部吊车,也只有两名员工;与饭店有契约关系的清洁公司为贪图价格便宜,才将外墙清洗的工作转包给他,虽然也有契约,但承担的责任仍不能推卸。

评析:饭店方面虽是事故的第三者,没有法律责任,但仍然有值得总结的经验教训。首先是契约关系,在与清洁公司签订全饭店清洁工作合约时,就该了解外墙清洗为高空作业,具有一定的危险性,不论该清洁公司本身是否具有外墙清洗的专业能力,在契约中都应该明白要求每次清洗外墙的作业人数、吊车是否经检验合格、施工人员的条件等,甚至保险事项也须有明确规定。否则,该清洁公司就不至于只贪图便宜,将这种高危险的工作转包给条件不足的公司,终致自食恶果。再就是管理的问题,在高空作业过程中是否达到要求,在吊车作业时地面有无设置安全围栏、是否派人看守,均不可马虎,除业务主管部门因职责所在、应全面随时检查外,保安部及大堂经理单位均有监督责任。

模块巩固

1. 试述 VIP 客人服务规格标准。
2. 试述应从哪些方面进行饭店清洁保养质量的控制。
3. 试述如果客人要求代购药品等特殊情况的处理方法。
4. 列出月份计划卫生安排表。

模块六　客房管理

作为客房部的管理者,对外,要与各部门进行顺畅的协调与沟通,对内,要进行人员的管理以及资产管理,这样才能保障客房部的正常运转。

学习目标

- 描述部门之间沟通协调的方法。
- 能与前厅部进行业务的沟通。
- 能描述客房物资管理方法。
- 能描述客房员工培训方法。
- 能根据饭店实际情况进行员工编制定员。
- 能根据客房部员工表现对员工进行考核、评估。

项目一　部门业务沟通

项目介绍

饭店是由多个部门组成的一个有机整体。客房部要与其他部门保持良好的沟通,相互理解,相互配合,才能使客房部工作顺畅进行。

导入案例

一天,服务员小王正在打扫 A 房间,这时,行李员领着一位客人来到楼层,对小王说:"你先打扫 B 房间吧,这位客人现在要住了。"其实,当时楼层有好几间已打扫好的空房,而前台却把这间没打扫的房间出租了。小王只好停下手头工作,到 B 房间打扫。B 房间是客人刚离店的走客房,房内很乱很脏,行李员走后,客人的行李放进 B 房间,而客人没地方去,只好坐在房里看着服务员收拾零乱的床和一堆堆垃圾……

思考:大家想一想,为什么会出现这样的情况?

任务1　客房部与其他部门的业务沟通

一、任务描述

能描述客房部与其他部门沟通与协作的基本方法。

二、任务分析

完成本任务的关键在于要通过搜集客房部与其他部门业务沟通的内容,并进行分析、归类、提炼和整理,从而能描述客房部与其他部门沟通协作的基本技巧与方法。

三、相关知识

(一)客房部与工程部的业务沟通

客房部与工程部的业务沟通主要在客房设备设施的使用和维修保养方面。

(1)为了防止设备的小毛病导致大的破损,及时向工程部门通报设备维修信息,是客房管理负责人的职责。客房部开出维修报告单,工程部应在接到报告单后限时完成。

(2)客房部和工程部应当共同努力保持设备的完好性,以避免因设备不良而给宾客造成不愉快。

(3)工程部门负责人应向客房管理人员提出节水、节电、节能等方面的要求。

(4)客房部应向工程部提供客情预报,以便工程部安排客房大修计划。

(二)客房部与餐饮部的业务沟通

(1)客房部负责餐厅范围的清洁卫生、布件和员工制服的洗涤熨烫工作。

(2)协助餐饮部做好客房送餐工作。

(3)配合餐饮部的促销活动,在客房放置餐饮宣传资料,等等。

(三)客房部与保安部的业务沟通

(1)客房部积极协助保安部对饭店公共区域及客房楼层进行检查,做好防火防盗等安全工作。

(2)向保安部提供必要的住客资料和信息。

(3)客房部协助保安部做好住客遗失物品的处理,并督促员工遵守饭店及客房制定的员工纪律。

(4)客房部配合保安部做好重要宾客的安全保卫工作。

(四)客房部与采购部的业务沟通

客房部与采购部的业务沟通主要是在客房设备物资的采购供应方面:

(1)采购部通常按照客房部的要求,采购和给付客房部所需的各种设备物资。

(2)在决定购买商品的种类、质量、规格时,为了充分考虑商品的特点、单价和有效性,采购部应与客房管理部门进行协商。

(五)客房部与财务部的业务沟通

客房部与财务部的业务沟通主要是:

(1)客房部协助财务部做好客房有关账单的核对、固定资产的清点及员工薪金的支付。

(2)财务部配合客房部做好对布件等物料用品的盘点及制定客房预算等工作。

(六)客房部与公关销售部的业务沟通

客房部与公关销售部的业务沟通主要有：
(1)公关销售部应利用各种机会和场合,宣传客房的设施和服务项目。
(2)客房部应积极配合公关销售部的宣传促销活动,在房间内放置广告宣传品,宣传推销饭店的客房和其他设施及服务。

(七)客房部与人力资源部的业务沟通

客房部与人力资源部的业务沟通主要体现在对所需人力资源的开发、利用上:客房部要对其员工的录用、培训及待提升人员的培训和发展,提出计划和要求;协助人力资源部做好员工的招聘和培训工作。

四、任务准备

(1)资料搜集；
(2)案例搜集。

五、任务实施

表 6-1 任务实施表

序号	实施步骤	实施内容	要求
1	事前准备	(1)设立沟通目标 (2)预测可能遇到的异议和争执	
2	确认需求	有效提问、积极聆听、及时确认	注意选择开放式问题或封闭式问题
3	处理异议	对不能达成协议时寻求共同利益,相互协调	
4	共同实施	共同处理对客服务工作	

六、任务评价

表 6-2 任务评价表

序号	内容	评价结果			
		优	良	合格	不合格
1	团队协作				
2	分工合理				
3	语言表达能力				
4	沟通协调能力				

七、拓展知识

酒店会为什么事道歉

某公司组织员工去南非旅游,在旅游回来后,一位客人回来准备好好泡个澡,却发现没有热水,打电话询问,原来是酒店中央热水供应系统坏了,正在检修中。南非虽正值秋天,却很炎热,冷水洗浴也无所谓,加上实在是累,他们也无暇去理论。第三天早上又意外地没有接到电话叫早铃,但睡前都调好手机闹铃,早上五点钟就醒了,并无太大影响,只是心里有些郁闷。

不过郁闷很快就被那些成群可爱的海豹、憨态可掬的企鹅一扫而光。当天晚上回到酒店已是8点多。刚进房间,就听门铃响,打开门,一名黑人服务员递给客人一封信,并送上一只漂亮盒子和一瓶葡萄酒,连声说:"Sorry! Sorry!"客人接过来一看,盒子小巧玲珑,里面是各种颜色的袋泡茶,茶叶细碎精致,甚是好看。拆开信封,信是这样写的:

"亲爱的客人:

首先,请允许我对您遇到的缺乏热水和没有收到起床铃的问题给您带来的不便致以真诚的歉意。

我可以向你们保证,这不是我们管理的正常标准。我们会尽一切努力做好,以确保您以后再不会有如此不便之处。

请接受这个小礼物作为我们最诚挚的歉意。并且祝您过得愉快!

您忠诚的客户部经理甘特"

下面是一个优雅的手写签名。

——这是一封道歉信。客人惊讶之余,有一种感动直达内心。

(资料来源:《扬州晚报》2009.5.11)

评析:酒店中央热水供应系统出问题主要是工程部的责任,叫醒服务失误是前厅部与客房部的责任,部门之间如果相互推诿,只会让客人厌烦;相反,在发生问题后,能及时为客人解决问题,并致以诚挚的歉意,客人不仅会谅解所发生的突发状况,更会对酒店留下美好的印象。

任务2 客房部与前厅部的业务沟通

一、任务描述

客房部与前厅部关系密不可分,业务来往密切,能围绕客房销售、对客服务等方面进行相应的业务沟通。

二、任务分析

完成本任务的关键在于要通过搜集客房部与前厅部业务沟通的内容,进行分析、归类、提炼和整理,从而能处理客房部与前厅部的业务沟通。

三、相关知识

客房部与前厅部的业务沟通

客房是客房部和前厅部共同的主要工作对象,这两个部门的联系最为密切,在小型饭店往往合二为一成房务部。客房部与前厅部的业务沟通主要在信息传递和沟通方面,在日常工作中,两部门应及时准确地进行信息沟通:

(1)客房部要及时、准确告知前厅部有关住店宾客的情况及宾客退房后的检查结果。

(2)前厅部及时向客房部传递宾客的入住信息和客情预报,以便客房部合理、周密地安排客房服务、客房维修改造和计划卫生等工作。

(3)双方定时核对房态,等等。

四、任务准备

(1)资料搜集;
(2)案例搜集。

五、任务实施

表6-3 任务实施表

序号	实施步骤	实施内容	要求
1	配合前厅部销售	(1)介绍各类型客房的特点 (2)及时整理客房	沟通需要及时、准确
2	相互通报客情信息	(1)前厅部通知客房出租率及未来客房预订情况(以便安排人手) (2)客房部通过观察客人入住状况,了解客人的喜好,收集资料,告知前厅部	做好客史档案的记录,并注意做好保密工作
3	相互通报和核对客房状况	(1)相互进行入住退房通知 (2)客房部负责查房,及时向前厅部进行房态报告	
4	共同完成对客服务	(1)行李服务 (2)叫醒服务 (3)留言服务	

六、任务评价

表6-4 任务评价表

序号	内容	评价结果			
		优	良	合格	不合格
1	团队协作				
2	分工合理				
3	语言表达能力				
4	沟通协调能力				

七、拓展知识

日本饭店退房不查房

久居日本的朋友解释说,饭店不查房一是表达了对客人的尊重,二来节省了顾客等待查房的时间。尊重是相互的。日本宾馆不查房,尊重客人,客人也加倍自重,客人在损坏了房间里的物品时,都会自觉在退房时"申报"。由此形成了互相尊重的良性循环。

可能有人会说,如果使用了付费用品是不是也不会被发现?

其实不然,日本很多提供付费用品(例如可乐、红酒等饮品)的宾馆,房间内的冰箱都是与前台总机联网的,如果取用了付费用品,冰箱里的特殊装置都会将信息实时传输到前台的总机,客人退房结账时,前台电脑都会一目了然。

所以,对第一次到日本的游客,导游一般都会特别告知,"日本宾馆冰箱内的饮料按需取用,千万别都拿出来",否则电脑会全部计费。

项目二 客房部物资管理

项目介绍

客房的物资设备与用品是客房服务的物质基础,既反映了饭店的等级和规格,又直接影响客房部营业费用的多少和经济效益的高低。

导入案例

《广东省实施〈中华人民共和国循环经济促进法〉办法(草案修改稿、征求意见稿)》在广东省人大网公开征求意见,规定餐饮、宾馆等服务性行业若向消费者无偿或者变相无偿提供餐具、牙膏、牙刷、拖鞋等一次性消费品(俗称"六小件"),将被责令改正,最高可被罚款1万元。多年来关于饭店是否应停供"六小件"这一备受争议的话题,将有可能首次以法律形式确定。

数据显示,截至2010年年末,全国有星级饭店15 000多家,占旅馆总数的比例不到5%。按照平均入住率65%、平均市场价每套5元计算,每天星级饭店消耗的一次性洗漱用品达120万套,一年花费高达22亿元,而整个饭店行业每年一次性洗漱用品的开支估计有440亿元。

(资料来源:摘自《工人日报》2012年9月8日)

任务1 客房用品的管理

一、任务描述

能计算客房用品的配备数量、储备量,制定客房用品的领发制度,使客房用品的管理得到控制。

二、任务分析

通过搜集有关客房用品的配额计算方法,结合在饭店见习经历,进行分析,归纳客房用品管理的方法。

三、相关知识

(一)客房用品的消耗定额管理

客房用品价值虽然较低,但品种多,用量大,不易控制,容易造成浪费,影响客房的经济效益。实行客房用品的消耗定额管理,是指以一定时期内,为保证客房经营活动正常进行必须消耗的客房用品的数量标准为基础,将客房用品消耗数量定额落实到每个楼层,进行计划管理,用好客房用品,达到增收节支的目的。

1. **一次性消耗品的消耗定额**

一次性消耗客用品定额的制定方法,是以单房配备为基础,确定每天需要量,然后根据预测的年平均出租率来制定年度消耗定额,其计算公式如下:

$$A = B \times x \times f \times 365$$

其中,A为单项客用品的年度消耗定额;B为单间客房(标准间为准)每天配备数量;x为客房数;f为预测的年平均出租率。

2. **多次性消耗品的消耗定额**

多次性消耗品的消耗定额的确定方法,首先应根据饭店的星级或档次规格,确定单房配备数量,然后再确定棉织品的损耗率,即可制定消耗定额,计算公式如下:

$$A = B \times x \times f \times r$$

其中，A 为单项棉织品年度消耗定额；B 为客房单间配备套数；x 为客房数；f 为预测的年平均出租率；r 为单项棉织品年度消耗率。

(二)客房用品的日常控制

1. 控制流失

(1)建立客用品领班责任制。各种物资用品的使用主要是在楼层进行的，因此，对客用品使用的好坏及定额标准的掌握，关键在领班。各楼层应配备专人负责楼层物资用品的领用、保管、发放、汇总以及分析的工作。楼层领用用品的领用单样式见表6-5。

表6-5　楼层领取物资单

楼层：　　　　　　　　　　　　　　　　　　　　　　　　　　　　　　　　No.

编号	品名	规格型号	单位	申请数量	实发数量	单价	金额
领料人		发料人		领料日期			

备注：一式二联：一联楼层存根，二联内勤存根。

(2)控制日常客用品消耗量。客用品的流失主要是员工造成的，比如有些员工在清洁整理房间时图省事，将一些客人未使用过的消耗品当垃圾扔掉。因此领班做好员工的思想工作，通过现场指挥和督导，是减少客用品浪费和损坏的重要环节。同时，还要为员工创造不需要使用客房用品的必要条件。

(3)客房日用品的发放和使用控制。客房用品的发放应根据楼层小库房的配备定额明确一个周期和时间。这不仅方便中心库房的工作，也是促使楼层日常工作有条理以及减少漏洞的一项有效措施。在发放日期之前，楼层领班应将其所管辖楼段的库存情况了解清楚并填明领料单。

2. 每日统计

服务员按规定数量和品种为客房配备和添补用品，并在服务员做房报告上做好登记。楼层领班通过服务员做房报告汇总服务员在每房、每客的客用品的耗用量。

3. 定期分析

一般情况下，这种分析应每月进行一次。其内容有：

(1)根据每日耗量汇总表制作出月度各楼层耗量汇总表。

(2)结合住宿率及上月情况，制作每月客用品消耗分析对照表。

(3)结合年初预算情况，制作月度预算对照表。

(4)根据控制前后对照，确定间·天平均消耗额。

四、任务准备

（1）相关书籍；
（2）电子资源。

五、任务实施

表6-6　任务实施表

序号	实施步骤	实施内容	要求
1	申请购买	（1）确认申购的种类 （2）符合申购程序	
2	选择与采购	（1）正确计算配备数量 （2）选择符合饭店要求的客房用品	客房用品选择符合实用、美观、适度、价格合理等原则
3	入货与储存	（1）入货记账 （2）正确设置客房物品储存量 （3）保管得当、定期盘点	防止自然损耗，避免库存积压
4	领发	制定领发制度	

六、任务评价

表6-7　任务评价表

序号	评价内容	评价结果			
		优	良	合格	不合格
1	会申请购买客房用品的程序				
2	能正确计算客房用品配备的数量				
3	选择符合饭店要求的客房用品				
4	能进行入货记账操作				
5	能描述客房用品领发制度				

七、拓展知识

招投标是客房设备用品达到"4R"管理要求的重要保证。成功的招投标取决于两个方面：有效的组织、严格的开标与评标。有效的组织又包括两个方面：一是要成立招投标工作小组，饭店分管领导任组长，客房、采购、财务等方面的经理、主管必须参加；二是要认真分析客户需求、确定好设备用品的配置项目和品质控制要求。招投标一般分公开招标和邀请招标两种方式,新建饭店、大饭店可选用公开招投标方式。开标与评标时要坚持标准,按照程序依次进行、逐步淘汰。先评技术标,通过资格审查,产品外观、品质、质量等,淘汰不达标厂商;再在达标厂商范围里开评价格标,确定性价比恰当的厂家中标,确认其为饭店供应商,这样一来4R要求就能实现。

任务2 客房设备的管理

一、任务描述

能计算客房设备的配备数量,能进行客房设备的保养,使客房设备的管理得到控制。

二、任务分析

通过搜集有关客房设备的配额计算方法,结合在饭店见习经历,进行分析,归纳客房设备管理的方法。

三、相关知识

(一)客房设备的分类

客房设备主要有客用设备和工作设备两大类。
(1)客用设备。主要包括家具、电器、洁具、安全装置及一些配套设施。
(2)工作设备。主要包括服务员做房所需的工作车、布草车、吸尘机;放置在楼层工作间、布草仓、酒水仓的电器、家具等。

(二)客房设备管理的方法

饭店客房设备种类繁多,价值相差悬殊,必须采用科学的管理方法,做好管理工作。

1. 核定需要量

饭店设备的需要量是由业务部门根据经营状况和自身的特点提出计划,由饭店设备用品主管部门进行综合平衡后确定的。客房用品管理,首先必须科学合理地核定其需要量。督导工作在第一线现场,应该对需要量进行最直观的掌握。

2. 设备的分类、编号及登记

为了避免各类设备之间互相混淆,便于统一管理,客房部要对每一件设备进行分类、编号和登记。客房部管理人员对采购供应部门所采购的设备必须严格审查。经过分类、编号后,需要建立设备台账和卡片,记下品种、规格、型号、数量、价值、位置,由哪个部门、班组负责等。

3. 分级归口管理

分级就是根据饭店内部管理体制,实行设备主管部门、使用部门、班组三级管理,每一级都有专人负责设备管理,都要建立设备账卡。归口是将某类设备归其使用部门管理,如客房的电器设备归楼层班组管理。几个部门、多个班组共同使用的某类设备,归到一个部门或班组,以它为主负责面上的管理,而由使用的各个部门、各个班组负责点上的使用保管、维护保养。分级归口管理有利于调动员工管理设备的积极性,有利于建立和完善责任制,切实把各类设备管理好。

4.建立和完善岗位责任制

设备用品的分级管理,必须有严格明确的岗位责任制作保证。岗位责任制的核心是责、权、利三者的结合。既要明确各部门、班组、个人使用设备用品的权利,更要明确他们用好、管理好各种设备用品的责任。责任定得愈明确,对设备用品的使用和管理愈有利,也就愈能更好地发挥设备用品的作用。

四、任务准备

(1)相关书籍;
(2)电子资源。

五、任务实施

表6-8 任务实施表

序号	实施步骤	实施内容	要求
1	申请购买	(1)确认申购的种类 (2)符合申购程序	
2	选择与采购	(1)正确计算配备数量 (2)选择符合饭店要求的客房用品	客房用品选择符合实用、美观、适度、价格合理等原则
3	入货	(1)入货记账 (2)分类、编号	
4	保养	定期进行维护保养	
5	报废	超过使用期限后按程序将设备报废	

六、任务评价

表6-9 任务评价表

序号	评价内容	评价结果			
		优	良	合格	不合格
1	会申请购买客房设备的程序				
2	能正确计算客房设备配备的数量				

续表

序号	评价内容	评价结果			
		优	良	合格	不合格
3	选择符合饭店要求的客房设备				
4	能进行入货记账操作				
5	能对客房设备进行保养				
6	合理报废客房设备				

七、拓展知识

客房设备用品管理的要求

为了便于管理,客房的基本设备用品可分为两大类:一类是设备部分,属于企业的固定资产,如机器设备、家具设备等;另一类是用品部分,属于企业的低值易耗物料用品,如玻璃器皿、各种针、棉织品、清洁用品、一次性消耗品等。这些设备用品的质量和配备的合理程度、装饰布置和管理的好坏,是客房商品质量的重要体现,是制定房价的重要依据。客房设备用品的管理应达到 4R 的管理要求:

1. 适时(Right Time)

在使用的时候,能够及时供应,保证服务的延续性和及时性。

2. 适质(Right Quality)

使用的客房设备用品的品质要符合标准,能够满足客人的需要。

3. 适量(Right Quantity)

计划采购的数量要适当控制,确定合适的采购数量和采购次数,在确保适时性的同时,做到不囤积,避免资金积压。

4. 适价(Right Price)

以最合理的价格取得所需的客房设备用品。

项目三 客房部人员管理

项目介绍

饭店管理水平的高低、服务质量的优劣,很大程度上取决于饭店员工整体素质的高低,因此,客房部必须重视客房员工工作的合理安排,并认真做好员工的培训工作。

导入案例

这是谁的责任

佳节刚过,南方某宾馆的迎宾楼,失去了往日的喧哗、烦躁,寂静的大厅,半天也看不到一位来宾的身影。

客房管理员 A 紧锁着眉头,考虑着节后的工作安排。突然她喜上眉梢,拿着电话筒与管理员 B 通话:目前客源较少,何不趁此机会安排员工休息。管理员 B 说:"刚休了 7 天,再连着休,会不会太接近,而以后的 20 几天没休息日,员工会不会太辛苦。"管理员 A 说:"没关系,反正现在客源少,闲着也是闲着。"俩人商定后,就着手安排各楼层员工轮休。

不到中旬,轮休的员工陆续到岗,紧接着客源渐好,会议一个接着一个,整个迎客楼又恢复了昔日的热闹,员工们为南来北往的宾客提供着优质的服务。

紧张的工作夜以继日地度过了十几天,管理员 A 正为自己的"英明决策"感到沾沾自喜时:下午四点服务员小陈突然胃痛;晚上交接班时,小李的母亲心绞痛住院;小黄的腿在装开水时不慎烫伤。面对接二连三突然出现的问题,管理员 A 似乎有点乱了方寸。怎么办?姜到底是老的辣,管理员 A 以这个月的休息日已全部休息完毕为由,家中有事、生病的员工,要休息就请假,而请一天的病事假,所扣的工资、奖金是一笔可观的数目。面对这样的决定,小黄请了病假,小陈、小李只好克服各自的困难,仍然坚持上班。

第二天中午,管理员 B 接到客人的口头投诉:被投诉的是三楼的小李及四楼的小陈,原因均是:面无笑容,对客不热情。管理员 B 在与管理员 A 交接班时,转达了客人对小李、小陈的投诉,管理员 A 听后,陷入沉思……

(资料来源:最佳东方网站)

思考:作为部门的管理者,应如何合理安排员工的工作?

任务1 客房部的编制定员

一、任务描述

能描述服务人员配备、工作量的安排方法。

二、任务分析

要完成本任务,首先要了解影响客房部工作定额的因素,然后进行讨论,提出各种编制定员的方法,通过对比分析讨论,探讨符合大部分饭店客房部编制定员的计算方法。

三、相关知识

(一)编制定员的依据

饭店确定定员编制的通常做法是根据饭店客房数量,如按照 1∶1.5 的比例,一家用 400

间客房规模的饭店确定饭店劳动编制定员为600人。其实,这种简单的计算方法,不能完全说明问题,影响定员水平的因素有许多方面。客房部在具体编制定员工作时,同样要考虑多种影响因素。

1. 规模与档次

客房部的编制定员与客房部的业务范围成正比。规模大、档次高的饭店,客房部业务分工越细,岗位越多,服务项目和服务标准上要求越高,因此,与小型饭店、低档饭店的编制定员有很大不同。

2. 管理模式与业务范围

客房服务一般有两种模式,即楼层服务台和客房服务中心。不同的服务模式在用人数量上存在很大的差异。楼层服务台岗位要求在每个楼层设置2~3班的值台服务人员,因此需要更多的定员编制。相反,客房服务中心人员编制就比较精简。此外,客房部管理方式也影响着定员编制的确定,如饭店将公共区域卫生地面和镜面的清洁维护外包给清洁公司,公共区域的人员编制相应就会减少。

3. 员工素质水平

工作效率的高低,与员工的素质有很大关系。客房部员工的年龄、性别、文化程度,以及工作态度、思想素质和专业水平等的差异都将影响工作定额的确定。了解和预测客房员工未来可能达到的整体水平是制定工作量的重要标准。

4. 工作设施环境

工作环境包括饭店外部环境和饭店内部环境。饭店外部环境,包括当地气候、空气质量、周围环境等,饭店内部环境,包括饭店设计、布局、流线、装饰风格,以至接待客人的生活习惯和消费文明程度等。如一家饭店重新改造后,客房面积比原来增加许多,房间内增添了多项设备,装修材料上大量采用玻璃、镜子。这些硬件上的变化需要客房卫生操作的要求和工作的时间定额相应进行调整,从而也会影响到客房部的编制定员。

5. 劳动工具

现代化的工作器具是质量和效率的保证。劳动手段越是现代化,工作定额越高,用人就越少;反之,工作定额就应降低。

6. 工作量大小

饭店客房部工作量一般分三个部分:一是固定工作量,即指只要饭店开业就会存在,而且必须按时去完成的日常例行工作任务,如客房部的日常管理工作、房务中心、布草房、公共区域卫生、日常清洁保养工作等。二是变动工作量,是指随着饭店业务量等因素的改变而变化的工作量,主要表现在随客房出租率的变化而改变的那部分工作量,如客房的日常清扫整理、对客服务、洗衣服务等。三是间断性工作量,通常是指那些时间性、周期性较强,只需要定期或定时完成的非日常性工作量,如每周楼层申领补充客用品,定期对所有棉织品进行盘点,定期或根据需要对饭店外墙、外窗、地毯进行清洗,地面或家具打蜡等。

(二)编制定员的方法

客房部在一定时期内需要配置的劳动力资源总数,取决于生产、服务、管理等方面的工作量与各类人员的劳动效率。由于客房部人员的差异性、工作性质的差异性,无法用统一的计量单位综合反映他们的工作量和劳动效率。因此,必须根据不同的工作性质,采用不同的计算方法,分别确定各类人员。常用方法有以下几种:

1. 历史分析法

历史分析法是通过考察部门在位人员数量、质量、业务量、工作量等历史数据的关系,同时制定者根据以往经验进行分析来确定编制定员的方法。

2. 现场观察法

现场观察法也称实况分析法,即借助实地访谈、跟踪,通过现场观察、写实分析来确定部门编制定员的方法。

3. 劳动效率定员法

劳动效率定员法是一种根据工作量、劳动效率、出勤率来计算定员的方法。主要适用于实行劳动定额管理、以手工操作为主的工种。其计算公式为:

定员人数=工作量员工劳动效率×出勤率

4. 岗位定员法

岗位定员法就是根据组织机构、服务设施等因素,确定需要人员工作的岗位数量,再根据岗位职责及业务特点,考虑各岗位的工作量、工作班次和出勤率的因素来确定人员的方法。这种定编方法一般适用于饭店前厅部门、工程部和客房部的一些工作岗位,如门卫、行李员、值班电工、锅炉工、房务中心文员、布草收发员等。

5. 比例定员法

比例定员法是指根据饭店的档次、规模按一定比例确定人员总量,同时以某一类人员在全员总数的比例和数量,来计算另一类人员数量的方法。这一方法是依据客房部某类人员与饭店之间,或不同岗位人员之间客观上存在规律性的比例关系决定的。如客房人员约占饭店总人数的30%,楼层客房服务员与楼层客房领班的比例约1∶6等。当然,这种比例关系在确定编制时只是一个相对的依据,因为每个饭店的实际情况不同,服务标准和管理目标也不同。

6. 职责定员法

职责定员法是指按既定的组织机构及其职责范围,以及机构内部的业务工作岗位职责来确定人员的方法。它主要适用于确定管理人员的数量。

7. 设施设备定员法

设施设备定员法是指按设施设备的数量,以及设备开动的班次和员工的看管定额来计算定员人数的方法。客房卫生服务员定员的最主要依据就是根据客房设施的数量和状况,一般高星级饭店客房服务人员与客房数的比例约为1∶5;饭店锅炉房、总机房和客房部的洗衣房等部门的岗位定员常根据设备的数量和设备条件作为定员的依据。

四、任务准备

(1)资料搜集;
(2)纸、笔。

五、任务实施

表 6-10　任务实施表

序号	实施步骤	实施内容	要求
1	获取信息	通过书籍、网络、交流等各种方式,获取关于影响劳动定额的因素	
2	提出方案	提出各种编制定员的方法	力求准确预测客房出租率
3	确定方案	通过对比、分析、讨论,结合实际情况,探讨确定适合计算客房部编制定义的计算方法	注意定员数的合理性
4	自查与完善	给出例题进行计算,检验所提出的方法是否符合实际	(1)善于发现问题 (2)及时处理完善

六、任务评价

表 6-11　任务评价表

序号	评价内容	评价结果			
		优	良	合格	不合格
1	理论结合实际能力				
2	计算能力				
3	团队协作				
4	语言表达能力				
5	沟通协调能力				
6	任务完成速度				
7	任务完成质量				
	其他				

七、拓展知识

饭店的"万能工"

"万能工"是针对饭店的客房及其他公共区域的设施设备进行有计划维修管理而设立的一个科学、高效和专业化的"特殊工种",其目的是保证饭店各区域的设施设备运行在一个高标准的工作状态、有效降低空房率、延长饭店硬件更新改造的周期,最终使饭店的管理运行成本大幅度降低,让饭店的经营效益实现最大化,带来最直接的经济收益。

经验证明,饭店通过开展万能工能够有效降低饭店的工程维修成本、延长饭店的改造周期、节省大量的改造资金、保证客房及公共设施的完好率,减少客人的投诉。如北京丽都假日饭店是我国饭店业万能工岗位的首创者,推行此项管理制度20年来,各种设备设施的完好率始终保持在95%以上,客房的坏房率控制在1%以下,因而客房的更新改造周期也由5年延长至10年以上,为饭店节约了大量的维修改造资金。

任务2 客房人员的管理

一、任务描述

员工整体素质的高低很大程度上取决于培训工作的质量。因此,要能描述客房部培训的方法,能进行客房日常工作的安排,合理对员工进行考核,以检验培训成效。

二、任务分析

要完成此项任务,通过搜集客房部培训、评估等资料,进行分析整合,制定客房人员的培训、评估流程。

三、相关知识

(一)客房部员工培训的类型

1. 按培训对象的不同层次划分

饭店培训是全员性的,不论是一般员工,还是中、高级管理人员都需要通过培训提高三种技能,即概念技能、人际关系技能和劳动操作技能。概念技能指与观念、概念、思想意识有关的技能,主要是通过系统的理论学习获得和提高。人际关系技能是与人沟通和影响他人的能力,主要通过长期的生活与社会实践中培养。劳动操作技能主要是指动手能力,如清扫客房、餐饮摆台、办理订房手续等,主要通过不断的训练得到提高。不同层级的员工技能结构的要求不同,相对而言,高级管理人员需要具有更高的分析、判断、决策管理的能力,而基层员工更需要实际业务的操作能力。这就使饭店培训划分为高级管理人员培训、中级管理人员培训、基层或督导层培训、服务员及操作人员培训。

2. 按实施培训的不同阶段划分

按照实施培训的不同阶段分类,大体上可分为职前培训、在职培训及非在职培训三种。

(1)职前培训。职前培训是员工正式获得职位,能胜任职位的工作要求之前所进行的系列培训。职前培训的最主要内容是新员工入职培训。它是指新员工进入饭店报到后,正式分配部门工作前进行的各类培训活动,国外称为"导向培训"(Orientation Training)。它也是饭店培训工作最基础、最重要的内容。入职培训的目的是帮助新员工树立饭店意识,明确自己的角色定位,获取作为饭店工作人员必备的理论知识,以符合饭店工作人员的基本要求。新员工入职培训由饭店人力资源部组织和实施,内容包括向新员工正式介绍组织的基本情况和主要政策,并进行关于礼貌服务、消防安全、卫生防疫等基础性、公共性的饭店专业知识技能的培训。饭店还会带领新员工参观饭店。通过这些培训,使新员工熟悉工作环境、工作的基本要求,并在一开始就重视培养新员工对组织的情感。当入职培训结束并通过测试后,新员工被分配到部门报到,开始在部门进行岗位培训。部门经理或部门培训师负责向新员工进行部门业务知识讲授,领班、师傅以传、帮、带的指导方式进行操作技能培训,目的是使新员工更快地熟悉工作岗位的任务要求,掌握业务程序和规范,了解如果碰到困难和问题,应该通过什么渠道来解决。

(2) 在职培训。在职培训是指饭店员工在工作岗位,完成生产任务过程中所接受的培训。其主要特点是培训内容与岗位需要直接挂钩,目的在于帮助员工及时获得适应饭店发展所必需的知识和技能,不断提高工作绩效,完备上岗任职资格。因此,在职培训是职前培训的继续与延伸,是从初级水平或初级阶段向中级阶段发展的培训。

在职培训主要定位于岗位业务培训,但形式内容多种多样。如回炉培训是指对已经过上岗培训的员工进行的再培训,目的是使他们纠正工作中的错误与不足,巩固和强化正确的操作技能。交叉培训是指有计划地换岗、换部门进行业务培训,以使员工熟悉不同部门或岗位的业务,具备多项专业技能,饭店常通过这种培训方式培养业务骨干和储备干部,也有利于企业根据工作需要灵活而合理地调配人员。

(3) 非在职培训。非在职培训是指饭店的员工暂时离开现职岗位或部分脱离岗位,即脱产半脱产到有关的教育机构参加为期较长的学习或进修。许多种情况下,饭店会安排部分员工进行这种形式的培训,如因饭店面临全面更新改造,有精力充分考虑业务骨干的培养;又比如员工工种变更、职位提升,需要进行系统的学习提高。

根据受训时间安排,受训员工脱产时间长短,职外培训可分为全日式、间日式与兼时式培训。受训员工以全天时间脱产参加培训为全日式培训。为了避免影响工作,也可采用间日式,即非连续进行培训,间日为之。兼时式培训为在职培训与职外培训均可采用的方式,为避免影响工作或培训安排需要,受训员工每天仅接受若干小时的训练,其余时间仍返回工作岗位继续工作。

3. 按实施培训的不同地点划分

(1) 店内培训。在饭店人力资源部或各部门统一计划安排下,利用饭店的培训教室、员工食堂等后台设施场地,或利用闲置的空房,餐厅非营业时间,厨房两餐间的空当时间进行的培训。

(2) 店外培训。主要指委托院校或培训机构组织实施的培训。其中包括选送员工到旅游饭店院校进修、学习,参加培训机构为获得职业或岗位证书而组织的培训考核,去国内外相关饭店参观、考察、实习等。

4. 按培训组织的分工不同划分

一些饭店建立培训网络,对培训内容及组织实施过程进行的职责分工。如饭店一级培训、部门二级培训、班组三级培训。一级培训是由饭店人力资源部计划和组织实施,主要针对全饭店各部门公共性的内容的培训,如外语、服务意识、礼节礼貌培训等。此外,饭店人力资源部门还负责组织基层、中层管理人员的管理培训,是一种跨部门的培训。二级培训则指各部门的业务知识、业务技能的培训,更为具体地根据岗位工作任务的作业培训。三级培训是领班在日常工作中穿插的工作细节的培训,如利用班前会进行或工作间隙进行简短培训。

(二)客房部例会的召开与主持

饭店例会在饭店内部管理过程中必不可少,作用重大。例会可以起到沟通信息、协调工作、解决问题、改善管理、带动经营等作用。各饭店的例会名称不一,形式多样,模式不定,成效各异。如何建立科学高效的例会模式值得研究。

1.例会形式选择

例会形式一般有日例会(晨会)、周例会、月例会、季度例会等。大部分饭店一般均会召开晨会,10~30分钟;根据需要,饭店也会召开周例会、专题月例会,如安全月例会、成本控制例会。

会议的要素包括会议时间、会议内容、会议主持人、会议参加人、会议程序、会议结论、会议记录等。与会人员一般包括部门主管或领班、楼层服务员,时间一般是每班次10分钟。如果有重大问题布置可由经理主持,时间如果较长,应选择合适的地点说明问题。

2.例会基本内容

(1)房态与对客服务情况,如长住房服务情况、商务会议服务情况、VIP接待情况、团体客人服务情况;

(2)对客服务优秀案例,或昨日饭店发生的重大事件,客人投诉或表扬的件数、典型案例,服务质量问题改进情况;

(3)当日工作安排;

(4)每日培训。

四、任务准备

(1)网络资料搜集;

(2)饭店客房部培训资料搜集。

五、任务实施

表6-12 任务实施表

序号	实施步骤	实施内容	要求
1	培训	(1)入职培训 (2)在职培训	面向刚招聘的新员工
2	日常工作的安排	例会	
3	评估	(1)观察与考核 (2)与被评估者面谈 (3)存档	

六、任务评价

表6-13 任务评价表

序号	评价内容	评价结果			
		优	良	合格	不合格
1	能描述员工培训多种方法				
2	能进行例会安排				
3	能合理对员工进行评估				

七、拓展知识

(1)科技的进步,新设备、新技术的应用使得饭店客房部的人员管理也发生了很大改变,体现在:智能设施、自助设施在客房普遍配备,客房部人员编制得以减少,降低了饭店的劳动成本;移动通信设备和应用软件不断更新,饭店加以利用可使得开展员工培训更加便捷;培训可以做到无时不在、无处不在;物联网技术在客房的运用,使客房部与客人之间、客房部与其他部门之间以及客房部内部的沟通更加畅通,提升了工作效率。

(2)客房部员工考核表如表6-14所示。

表6-14 客房部员工考核表

姓名: 考核时间:

项目		内容	优	良	中	差	备注
工作态度	服务态度	迎送宾客时,笑脸相待,热情问好,秉承服务至上的原则为客人提供优质服务					
	责任心	工作认真,尽心尽力履行职责					
	纪律性	遵守规章制度,按规定程序办事					
	团结协作性	具有集体荣誉感,与上级、同事有良好的合作性					
工作能力	工作速度	办事干净利索,反应敏捷					
		对突发事件能沉着冷静,迅速采取解决方法					
		查房的速度快而准确					
	工作技能	对工作的内容、操作程序一清二楚					
		熟悉房间状态和客情动态					
		熟悉客房电器设备的使用及操作和家私保养知识					

综合评定:

上级主管审核意见: 签名: 日期:

模块巩固

1. 为什么说刚进入督导层的管理者最需要提升的技能是人际关系技能?
2. 为什么说对员工而言培训是一种福利?
3. 模拟召开一次客房部与前厅部的业务协调会。
4. 如何杜绝酒店客房用品"大家拿"的现象?
5. 拟一封致客人的信,大意为出于环保考虑,酒店取消六小件的摆放,顾客如有需要可另行索取。字数在 100 字以内。
6. 案例分析:

某酒店内,早上 8 时整,楼层领班小岳正在主持每天班前会。"昨天我们楼层有位客人向大堂副理口头投诉,说我们服务员态度生硬,说话有冲撞口气。"小岳的嗓门虽不大,严厉的表情却让每个人都感受到了问题的严肃性。稍停片刻,他继续一板一眼地说道:"我早就跟你们讲过,遇到不友善的客人要沉住气,实在忍不住要发脾气时,就在心里默默数数,从1数到10。"小石是调到这个班刚满一个月的服务员,聪明伶俐,班内服务员都喜欢他,领班的话刚告一段落,他便插口问:"万一数到 10 仍怒气很盛,怎么办?""那就数到 100,不过得数慢一些。"小岳开导他。"可是假如到时我还是……""混蛋,数到 100 还控制不住自己算是人吗?"领班看到小石跟自己捣蛋,不禁勃然大怒,"告诉你,凭你那副不尊重领导的笨样,本该向经理汇报,要求开除你,念你初犯……"

如果你是领班小岳,你会如何应答小石的话?

参考文献

[1] 徐明.客房服务与管理.北京:中国经济出版社,2012.
[2] 汝勇健.客房服务与管理实务.南京:东南大学出版社,2012.
[3] 朱小彤.酒店客房服务.广州:中山大学出版社,2010.
[4] 宋俊华,曲秀丽.客房服务与管理.北京:中国铁道出版社,2009.
[5] 曹红,方宁.前厅客房服务实训教程.北京:旅游教育出版社,2009.
[6] 朱小彤.客房服务与管理.广州:广东旅游出版社,2009.
[7] 徐明.客房实务.北京:电子工业出版社,2008.
[8] 沈艳.客房服务实训教程.北京:科学出版社,2007.
[9] 范运铭.客房服务员实战手册.北京:旅游教育出版社,2006.
[10] 范运铭.客房服务与管理案例选析.北京:旅游教育出版社,2005.
[11] 劳动和社会保障部中国就业培训技术指导中心.客房服务员.北京:中国劳动社会保障出版社,2004.
[12] 钟健夫,丁河月.传奇五星之道.广州:花城出版社,2004.

责任编辑:郭珍宏

图书在版编目(CIP)数据

客房服务与管理 / 朱小彤主编. – 北京 :旅游教育出版社,2017.1 (2022.7)
国家中等职业教育改革发展示范校创新系列教材
ISBN 978-7-5637-2725-4

Ⅰ.①客… Ⅱ.①朱… Ⅲ.①客房—商业服务—中等专业学校—教材②客房—商业管理—中等专业学校—教材 Ⅳ.①F719.2

中国版本图书馆 CIP 数据核字(2013)第 188769 号

国家中等职业教育改革发展示范校创新系列教材

客房服务与管理

(第 2 版)

主　编　朱小彤
副主编　吴婧姝　贺　丹

出版单位	旅游教育出版社
地　　址	北京市朝阳区定福庄南里 1 号
邮　　编	100024
发行电话	(010)65778403 65728372 65767462(传真)
本社网址	www.tepcb.com
E-mail	tepfx@163.com
排版单位	北京旅教文化传播有限公司
印刷单位	北京柏力行彩印有限公司
经销单位	新华书店
开　　本	787 毫米×1092 毫米　1/16
印　　张	11.5
字　　数	214 千字
版　　次	2017 年 1 月第 2 版
印　　次	2022 年 7 月第 5 次印刷
定　　价	26.00 元

(图书如有装订差错请与发行部联系)